U0944143

基于代表记录的
增量实体解析方法研究

高广尚 著

科学出版社

北 京

内 容 简 介

本书从记录、代表记录、相似记录、记录簇、传递闭包、并查集、实体、实体解析（entity resolution，ER）、增量实体解析（incremental entity resolution，IER）等概念出发，研究了基于代表记录的增量实体解析方法。本书共8章，内容包括绪论、相关研究、基于代表记录的增量实体解析方法研究框架和关键问题、基于优先队列的代表记录产生模型构建方法研究、基于并查集的相似记录聚类模型构建方法研究、基于代表记录的记录簇调整模型构建方法研究、基于代表记录的增量实体解析方法的有效性实验、总结与展望。

本书可供高等院校计算机、数据分析、信息管理等专业的本科生和硕士研究生使用，也可供数据库、数据质量和数据集成领域研究人员和从业者参考。

图书在版编目（CIP）数据

基于代表记录的增量实体解析方法研究/高广尚著. —北京：科学出版社，2019.8

ISBN 978-7-03-060358-6

Ⅰ. ①基… Ⅱ. ①高… Ⅲ. ①信息检索技术-增量-聚类分析法-研究 Ⅳ. ①G254.91

中国版本图书馆CIP数据核字（2018）第302673号

责任编辑：冯 涛 吴超莉 / 责任校对：赵丽杰
责任印制：吕春珉 / 封面设计：东方人华平面设计部

科学出版社 出版
北京东黄城根北街16号
邮政编码：100717
http://www.sciencep.com

三河市骏杰印刷有限公司印刷
科学出版社发行 各地新华书店经销

*

2019年8月第 一 版 开本：B5（720×1000）
2019年8月第一次印刷 印张：9 1/4
字数：200 000

定价：68.00元

（如有印装质量问题，我社负责调换〈骏杰〉）
销售部电话 010-62136230 编辑部电话 010-62139281

前　言

在大数据时代背景下，数据集上的实体解析正面临着数据更新快、数据规模大和数据质量差的问题。这不仅让此前形成的解析结果很快失效，而且让随之不断演化的相似记录更加难以解析。现有聚类算法并不太适合对数据集中不断演化的相似记录进行有效的解析，因此，如何在不对整个数据集进行重新聚类的情况下对其中不断演化的相似记录进行有效解析，已成为增量实体解析研究中亟待解决的重要问题。

在对国内外现有实体解析、增量实体解析研究中所涉及的诸多聚类方法、聚类算法进行深入研究分析的基础上，本书作者提出通过产生更能代表记录簇的代表记录并基于代表记录集，让与演化的记录紧密相关的记录簇进行自适应调整，以实现增量实体解析这一新思路，同时明确本书要研究的 3 个关键问题：①如何在解析数据集时产生更能代表记录簇的代表记录，以有利于其中潜在相似记录的合并或排除；②如何找出解析过程中遗漏的潜在相似记录，并将它们划分到同一个记录簇，从而让代表记录的代表性进一步增强；③如何在数据集不断演化时基于代表记录集，让相关的记录簇进行快速、有效的自适应调整。本书针对这 3 个关键问题，主要开展了 3 个方面的研究：①在对代表记录产生方法，以及不具代表性的代表记录可能导致潜在相似的记录被排除在记录簇外，而不相似的记录被保留在记录簇内的情况进行分析的基础上，提出基于优先队列的代表记录产生模型，旨在产生更具代表性的代表记录。模型主要关注 3 部分内容，即待比较记录与代表记录间的相似性判定、待比较记录与代表记录间的合并，以及代表记录的产生。②在对相似记录聚类方法，以及因对应属性值彼此存在细微判别而出现相似性异常，或解析方法本身存在局限性而导致潜在相似的记录无法聚类到一起的情况进行分析的基础上，提出基于并查集的相似记录聚类模型，旨在进一步识别出潜在相似记录并将它们聚类到一起，从而让代表记录的代表性进一步得到增强。模型主要关注 3 部分内容，即基于重要属性生成高质量 Key、基于多趟扫描结果计算传递闭包，以及基于并查集合并相似记录。③在对记录簇调整方法，以及数据集上因不断出现新增、删除或更新记录而导致此前解析结果中的记录簇无法进行快速、有效调整进行分析的基础上，提出基于代表记录的记录簇调整模型，旨在让在数据集不断演化时记录簇调整过程更具针对性、有效性、稳定性和快速性。模型主要关注 3 部分内容，即潜在相似代表记录的确定、相关的记录簇自适应调整，以及记录簇的代表记录更新。

本书采用Cora数据集分别对提出模型的有效性、可行性进行验证，从整体上将书中方法与相关性聚类方法进行了对比，并进一步将它们的结果和Cora数据集中人工划分的结果进行了对比。实验结果表明，书中方法相较于相关性聚类方法在解析效率、解析精度等方面都有一定的优势。

全书共分8章。第1章介绍研究背景、相关概念、研究目标和意义、研究思路与研究方法等；第2章从经典聚类算法下的实体解析方法、一般聚类算法下的实体解析方法、增量聚类算法下的增量实体解析方法3个方面对相关研究进行综述，并分析现有研究方法中的不足；第3章介绍基于代表记录的增量实体解析方法研究框架和关键问题；第4章研究基于优先队列的代表记录产生模型构建方法；第5章研究基于并查集的相似记录聚类模型构建方法；第6章研究基于代表记录的记录簇调整模型构建方法；第7章验证基于代表记录的增量实体解析方法的有效性；第8章进行总结与展望。

增量实体解析是一个全新的研究领域，涉及各种算法和技术，撰写本书可谓一项极大的挑战，虽然作者秉承“工匠精神”，在全书的结构、内容和行文等各个方面力求完美，但疏漏仍在所难免，请广大读者批评指正。

目　　录

第 1 章 绪　论

1.1 研究背景

在信息时代，以数据为中心的信息系统正在得到越来越广泛的应用，然而，这些数据并非总是正确无误的，其中可能存在各种各样的错误，如重复、不一致、不正确或不完整等[1]，或这些数据本身存在不同的描述形式。当这些情形出现在记录属性值上时，数据集中相似记录之间就会存在一些细微的差别，而它们却有可能表示同一现实世界实体[2]。例如，邮箱列表中可能包含多条实际上都表示同一物理地址的记录，商品列表中可能包含多条实际上都表示同一实际商品的记录等。因此，如何快速、有效地识别出数据集中那些因属性值上存在细微差别但仍然描述同一实体的 n（n >1）条相似记录，一直是实体解析研究中的重点[2-4]。

实体解析这一概念的雏形最初出现在对文件清单目录进行比较的过程中。早在 1969 年，Fellegi 等就在工作中发现他们通常面临这样一个问题：如何对不同的清单进行比较，以除去其中存在的重复目录。之后，他们将解决这个问题的方法称为记录链接（record linkage）[5]。随着关系数据库系统的发展，出现了另一个与之类似的识别问题：如何在数据集中找出并合并代表同一实体的所有相似记录[6]。由于在诸多应用领域中涉及数据集，如人口普查记录的处理与分析[7]、数据清洗[8]、信息集成[9]、模糊关键字查询[10]、诈骗检测[11]、文本聚类[12]、执法和反恐[13]等，因此解决这一识别问题的方法在各个领域中有着不同的名称，包括记录链接[14]、合并/清洗（merge/purge）[6]、重复数据删除（deduplication）[15]、参考协调（reference reconciliation）[16]、对象识别（object identification）[17]和其他名称[4,18,19]。2007 年，一篇由斯坦福大学信息实验室研究人员发表的文章正式将这些类似的识别过程统称为实体解析[20]。

现有大部分实体解析研究主要针对如何在静态数据集中进行实体解析（记录属性值上原本就存在的细微差别。实体解析过程涉及数据集中的所有记录，更具体地说是对数据集中所有记录进行聚类分析。然而，当数据集大部分时间处在动态变化时，即每段时间内数据集中都可能会新增、删除或更新记录，如新签约的客户、新出生的婴儿、新注册的学生和新注册的雇员等（新增），人员离职、个人离世、业务不再激活等（删除），个人姓名、邮箱和地址的变更、学校招生状况或学生就业层次的变更、操作导致的数据不规范或错误等（更新）[21,22]，仍然采用现有的方法来对其进行解析，在解析速度和解析效率方面将不能满足高质量解析需求。这是因为现有方法每出现一次变化就对整个数据集重新解析一次的解析过程所需时间开销大。因此，针对动态数据集的实体解析更具挑战性，更为重要，也更有意义[4,23]。

为对静态数据集中潜在相似的记录进行聚类，现有研究一般采用“排序&合并”的方法[6,24]。具体过程可概括为：首先将整个数据集按字典序重排（采用 Key 来标志记录，或把整条记录看成一个字符串），这样潜在相似的记录就会被排列在较接近的位置，从而就可以在相对集中的范围内做记录的成对比较（pair-wise）[25]，并计算出记录间的相似性值，进而确定它们是否为相似记录。在这些研究中，Monge[26]提出的基于优先队列（priority queue）算法和 Hernandez 等[6]提出的多趟近邻排序（multi-pass sorted-neighborhood）算法较有影响力。其中，基于优先队列算法的优点是能减少记录比较的次数，提高匹配的效率，而且几乎不受数据规模的影响，因而能很好地适应数据规模的变化；缺点是产生的代表记录往往缺乏代表性，因而代表记录未能有效地帮助聚类静态数据集中潜在相似的记录，从而出现相似记录漏配，这又将影响代表记录的构成。多趟近邻排序算法的优点是精度高，能尽可能多地发现潜在相似的记录；缺点是每趟扫描所使用的 Key 较单一，以及滑动窗口大小较难选取（因为当窗口较大时，所进行的比较次数就会偏多，而有些比较是没必要的；当窗口较小时，可能出现相似记录漏配）。在对静态数据集进行一次解析后，将会得到一个包含诸多记录簇的聚类结果（解析结果）。

由于数据集上的变化过程本质上就是记录层面上的记录增量过程（新增记录、删除记录和更新记录），或更具体地说，是属性层面上的数据演化过程，因此动态数据集上的实体解析又称为增量实体解析[27-29]。事实上，增量实体解析过程的核心是数据集因出现上述变化而成为动态数据集时，原有聚类结果中的记录簇应做出相应调整以反映这种变化，否则这些记录簇将会变得过时，即记录簇内包含的记录可能不都表示同一个实体。

与实体解析相比，增量实体解析的研究相对较少，其中比较有影响的是基于相关性聚类算法的增量实体解析[30]。该增量实体解析方法的优点如下：一是增量解析过程涉及新增记录、删除记录和更新记录 3 种操作，而不仅仅是新增记录操作[28,31,32]；二是对每次操作结果进行解析时不需要对数据集中所有记录进行重新聚类分析，且在准确率上有一定的保障；三是能部分利用此前的解析结果来加快当前的解析过程，并能部分修正此前解析结果中存在的错误。其缺点是增量实体解析过程被视为如何在相似图形上找到一个合适子图的过程（进行子图划分），该过程涉及的计算复杂度较高，且很难找到一种精确的划分方法，因为它纯粹从图形数据角度来进行考虑。

基于以上背景和现有研究方法中存在的不足，本书提出基于代表记录的增量实体解析方法，旨在形成记录簇的同时产生更具代表性的代表记录，而更具代表性的代表记录又反过来进一步促进记录簇更好地形成，通过研究记录如何产生、更新，以及利用代表记录进行实体解析的方法来增强和补充动态数据集上的增量实体解析体系。为此，本书从 3 个方面对提出的方法展开研究：①构建基于优先队列的代表记录产生模型，以产生更具代表性的代表记录，使代表记录不仅有助于减少生成的记录簇数量，而且能减少记录比较的次数，最终有利于潜在相似记录的合并或排除；②构建基于并查集的相似记录聚类模型，以聚类那些因对应属性值彼此存在细微判别而出现相似性异常，以及实体解析方法本身存在局限性而无法被划分到一起的潜在相似记录，最终让聚类结果中记录簇的构成更具合理性，进一步增强代表记录的代表性；③构建基于代表记录的记录簇调整模型，以在数据集演化时通过代表记录集让相关的记录簇做出自适应调整，同时让调整过程充分利用此前聚类结果中的相关信息，甚至修正其中存在的错误。

1.2　相 关 概 念

1.2.1　记录

记录（records）是一条包含 n（$n \geqslant 1$）个属性的元组，用 $(V_1, V_2, \cdots, V_n)$ 表示一条记录，其中，V_i 表示第 i 个属性的值。

例如，一条记录可用包含 5 个属性的符号，即 $(V_1, V_2, V_3, V_4, V_5)$。其中，属性 V_1（name）、V_2（city）、V_3（zipcode）、V_4（phn）和 V_5（represent）的值分别是“Carrefour”“Beijing”“90015”“83950321”“Morgan”。

1.2.2　代表记录

代表记录（canonical records）同样是一条包含 n（$n \geqslant 1$）个属性的元组，如包含 recIDs 属性等，但是其属性上的值不是一个字符串，而是一个字符串列表（即字符串个数不确定），其中每个字符串都对应着其出现的频次。此外，recIDs 属性上的值由其所代表的记录簇内部所有记录的 ID 构成。表 1.1 所示的代表记录中包含两条代表记录，即 r_1 和 r_2。

表 1.1 代表记录

ID	recIDs	first	last	DOB	scode
r_1	5，6	Mary:2	Smith:2	19990921:2	H17:1，G55:1
r_2	10，11，12	Eddie:2，Edgar:1	Jones:3	20001104:3	G34:2，H15:1
…	…	…	…	…	…

1.2.3 相似记录

相似记录（approximately duplicate records）是指在 n（$n \geqslant 1$）个对应属性上彼此相似的记录。例如，在表 1.2 中，ID 为 5 和 6 的两条记录在 3 个对应属性上（first、last 和 DOB）因字符串相同（或比较时的相似性值大于给定阈值）而彼此相似，因而这两条记录被认为是相似记录。值得一提的是，这两条相似记录可保存在某条代表记录的 recIDs 属性中，如表 1.1 所示。

表 1.2 相似记录

ID	first	last	DOB	scode
5	Mary	Smith	19990921	H17
6	Mary	Smith	19990921	G55

1.2.4 记录簇

记录簇（record clusters）就是由若干相似记录聚类在一起而形成的记录集合。为计算出数据集中哪些记录彼此相似，需要通过笛卡儿积来进行逐记录对比较。例如，表 1.3 中的数据集包含 6 条记录（$r_1 \sim r_6$），因而需要进行 6×(6−1)/2=15 次记录对比较才能将其中所有记录两两比较完毕。

表 1.3 个人信息数据集

记录 ID	名	姓	年龄	街道名	城区	出生日	出生月	出生年
r_1	John	Smith	18	Miller st	Dickson	12	11	1970
r_2	Jonny	Smith	73	Miller st	Dixon	11	10	1970
r_3	Joan	Smith	73	Dawson cr	Lyneham	11	12	1979
r_4	Max	Miller	73	Dawson cr	Lyneham	11	2	1969
r_5	Sal	Bass	67	Miles rd	Ainslie	28	5	1981
r_6	Sally	Bass	64	Miles rd	Ainslie	23	5	1981

表 1.4 中列出了这些记录间的相似性值（假定通过某公式算出），以及它们与阈值比较后的匹配状态（相似状态）。其中，匹配状态的判定过程称为成对分类技术[4]，即相似性值大于给定阈值（如 5.0）就匹配（相似），否则不匹配（不相似）[33]。在表 1.4 中共有 4 对记录是匹配的。

表 1.4　记录对匹配与否的相关信息

候选记录对	相似性值（函数 SimSum 算出）	匹配状态（阈值β=5.0）
(r_1, r_2)	5.20	**匹配**
(r_1, r_3)	3.30	不匹配
(r_1, r_4)	1.15	不匹配
(r_1, r_5)	0	不匹配
(r_1, r_6)	0	不匹配
(r_2, r_3)	5.05	**匹配**
(r_2, r_4)	2.70	不匹配
(r_2, r_5)	0	不匹配
(r_2, r_6)	0	不匹配
(r_3, r_4)	5.25	**匹配**
(r_3, r_5)	0	不匹配
(r_3, r_6)	0	不匹配
(r_4, r_5)	0	不匹配
(r_4, r_6)	0	不匹配
(r_5, r_6)	6.20	**匹配**

可依据表 1.4 中记录对的匹配信息和相似性值构造出一个相似图形（similarity graph）[34]，如图 1.1 所示。其中，结点表示一条记录，结点间的实线边表示两条记录相似，实线边上的数值表示相似性值（如 5.25），或称为边的权值。4 条实线边表示存在 4 个匹配。所有由实线相连的子图形看成一个记录簇。

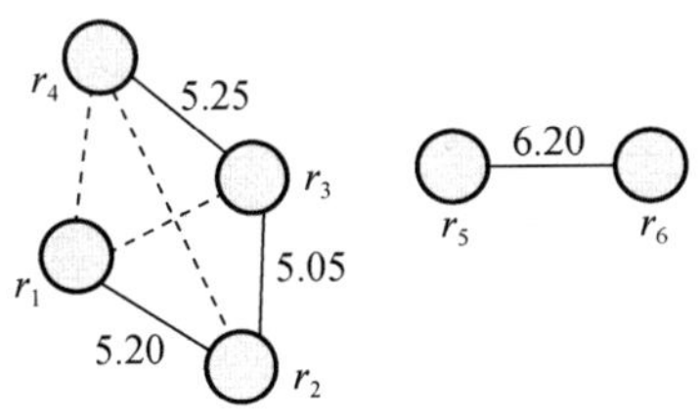

图 1.1　记录簇

1.2.5　传递闭包

传递闭包（transitive closure）是指：如果记录 r_i 与 r_j 相似，同时记录 r_j 与 r_k 相似，那么记录 r_i 与 r_k 也应相似，即记录间传递相似性，使它们都表示同一个实体[24,35]。另一种特殊情况是，如果两条记录彼此相似，那么它们也形成传递闭包。

1.2.6 并查集

在计算机科学中，并查集（union-find sets）是一种树形的数据结构，用于处理一些不相交集合（disjoint sets）的合并与查询问题[24]。其中，Union（合并）操作用来将两条记录各自所在的组进行合并以形成一个组；Find（查找）操作用来查找某记录是否在某个组中。

Union($r_i r_j$)操作：将分别包含任意记录 r_i 和 r_j 的两个子组（S_{r_i} 和 S_{r_j}）合并成一个新的组，即并集 $S_{r_i} \cup S_{r_j}$。选择这个新的组 $S_{r_i} \cup S_{r_j}$ 作为代表来替代子组 S_{r_i} 和 S_{r_j}。通常来说，合并之前，应先判断两条记录是否属于同一个组，这可用 Find(r_i)操作来实现。

Find(r_i)操作：返回记录 r_i 所在组的代表记录[24]。在判断两条记录是否属于同一个组时，只要比较相应的代表记录是否相同即可。

1.2.7 实体

实体（entity）用来描述现实世界的事物或对象，如某个人、地点或物品[36]。实体表现为一系列实体特征，称为属性，所有属性值的组合则提供了关于该特定实体的信息。例如，作为现实中的个人，常见的属性有姓名、家庭住址、生日等；作为现实中的商品，常见的属性通常包括型号、尺寸、生产厂家，或通用产品码等；作为文章的引用，常见的属性为作者、题名、来源（venue）、地址、年份和页码等。因此，数据集中的记录（拥有若干属性）在某种程度上就是实体的数字表示。在同一数据集中可能存在多条记录对应于同一个实体的情形，因为属性值上可能存在由操作引发的字符串修改前后有细微差别、字符串本身具有不同的表示等方面的数据质量问题。

1.2.8 实体解析

实体解析定义为识别并合并那些表示同一现实世界实体的记录的过程[37]。具体来说，实体解析就是将数据集中潜在相似的记录进行分组，使组内的记录尽可能彼此相似，而位于不同组的记录尽可能彼此不相似。从聚类角度来看，分组过程其实就是聚类过程，因而得到的记录组其实就是记录簇或簇。

在同一数据集中，实体解析的过程就是首先计算对应属性值间的相似性值（相似度）并判定它是否大于给定阈值（如α），如果大于给定阈值，则表示两个对应属性值彼此相似，否则不相似；然后汇总被判定为相似的对应属性的个数，并判定它是否大于给定阈值（如β），如果大于给定阈值，则表示两条记录彼此相似，否则不相似；最后被判定为相似的两条记录表示同一个实体。

1.2.9 增量实体解析

增量实体解析定义为识别并合并数据集中那些在新增、删除或修改记录后仍表示同一现实世界实体的记录的过程[27,28,30,38,39]。更具体地说，针对数据集中记录不断变化的问题，增量实体解析着重强调通过利用此前的聚类结果让仅与变化记录相关的记录簇进行自适应调整，而不是对变化后的数据集中所有记录重新进行计算。增量实体解析的目标是显著减少在变化数据集上进行解析时所需的时间，同时无损解析质量，并能利用变化记录中的新证据来修正此前解析结果中存在的错误。

1.3 研究目标和意义

1.3.1 研究目标

本书研究的总体目标就是构建一套行之有效的增量实体解析方法体系，以快速、高效地解析并聚类数据集中存在的相似记录，尤其是在数据集中数据更新快、数据规模大和数据质量差的情况下。针对这一目标和现有研究中存在的问题，本书提出首先通过构建基于优先队列的代表记录产生模型来产生更具代表性的代表记录，以利于潜在相似记录的合并或排除，从而让解析过程变得更加高效，反过来，高效的解析过程又会以更加高效的方式继续产生更具代表性的代表记录；然后通过构建基于并查集的相似记录聚类模型，进一步聚类此前遗漏的潜在相似记录，进而让记录簇中代表记录的代表性进一步得到增强；最后，通过构建基于代表记录的记录簇调整模型，让在数据集不断演化时基于代表记录集的记录簇调整过程更具针对性、有效性、稳定性和快速性，最终实现可适用于大数据环境下的面向数据演化的增量实体解析目标。

本书总体研究目标的实现需要构建以下 3 个具体模型：

1）代表记录产生模型的构建。代表记录产生模型可使产生的代表记录更具代表性，不仅有助于减少解析过程中生成的记录簇数量、有助于减少记录比较的次数，并且有利于相似记录的合并或排除，最终有助于在整体上让解析过程具有高精度、高效率的特性。因此，构建一个代表记录产生模型，将在整个研究中发挥着重要的作用。

2）相似记录聚类模型的构建。相似记录聚类模型可将使那些因为对应属性值彼此存在细微判别而出现相似性异常，以及实体解析方法本身存在局限性，而无法被划分到同一个记录簇中的潜在相似记录尽可能地聚类到一起。因此，构建一个相似记录聚类模型，将在整个研究中发挥着重要的作用。

3）记录簇调整模型的构建。当数据集上不断新增、删除或更新记录时，记录簇调整模型可使相关的记录簇、记录簇内部所包含的记录，以及代表记录本身随之进行自适应调整，以便让操作后的数据集仍能维持“干净”的状态。因此，构建一个记录簇调整模型，将在整个研究中发挥着重要的作用。

1.3.2 研究意义

基于代表记录的增量实体解析方法的研究有着重要的理论意义和现实意义。

1. 理论意义

1）代表记录产生模型的构建是有效进行实体解析、增量实体解析的前提。以往研究中通常简单选择一条或若干条记录来表示代表记录，这将导致代表记录本身包含的信息不够完整，在解析过程中可能出现相似记录被排除在记录簇外，而不相似的记录被保留在记录簇内的情况。但是，当使用一条其属性被预先规范了的记录作为代表记录时，代表记录产生模型将会产生更具代表性的代表记录，从而使它能在一定程度上满足实体解析所需的精度、效率要求，甚至对后续的增量实体解析有着至关重要的辅助作用。

2）相似记录聚类模型的构建是对实体解析方法本身局限性的完善。与以往研究中 Key 生成方式过于单一、不灵活，以及传递闭包计算过程过于复杂相比，相似记录聚类模型通过基于自定义配置策略生成的高质量 Key、记录间的相似关系、相似关系具有传递性这一性质，并能利用并查集结构的操作方式，在多趟扫描过程中逐步将那些潜在相似记录尽可能地聚类到一起，从而进一步增强代表记录的代表性。相似记录聚类模型不仅能克服属性值中存在的各种表示差异和实体解析方法中存在的局限性，而且对那些本质上与数据聚类有较强关联的研究有很重要的启发意义。

3）记录簇调整模型的构建是实现面向数据演化的增量实体解析的保障。与在相似图形上找到一个合适子图以对应某个实体的方法不同，记录簇调整模型通过基于属性值的过滤方法在代表记录集中找出与增量记录（见 6.2 节定义 6.1）相似的若干代表记录，继而经由代表记录确定当前聚类结果中哪些是相关的记录簇，再结合具体的记录簇调整策略，能只让这些相关的记录簇在当前操作下进行自适应调整，并在必要时更新代表记录的内容，甚至修正此前聚类结果中存在的错误。记录簇调整模型不仅让面向数据演化的记录簇动态调整过程更具针对性、有效性、稳定性和快速性，而且为大数据环境下类似的增量实体解析研究提供了一些思路。

2. 现实意义

1）提升数据利用率、帮助改善数据质量。随着数据规模越来越大，数据质量问题也逐渐显现出来[40]。将存在数据质量问题的相似记录聚类到一起的实体解析技术能让数据之间的潜在关系被发现，从而让数据含义更为丰富，数据的利用率得以提升，并最终改善数据质量以使其更为可靠。因此，高质量的实体解析技术在数据清理、数据集成、数据挖掘、文本检索、信息集成、知识库构建等领域中起着至关重要的作用，是数据进一步分析处理前的重要保障。

2）有助于加快数据分析速度。随着数据输入、输出速度的加快，分析数据时的速度要求也逐渐提高，尤其在那些通常不要求解析结果十分准确，但要求解析过程必须在规定时间内完成或近乎实时完成的数据分析应用中，如实时金融数据分析、互联网流量监测、反恐应用和传感器数据处理等。让解析过程仅在相关的“区域”（partition）实施的增量实体解析技术使数据快速分析成为可能，并且在解析质量上也有保障，甚至能修正此前存在的错误。此外，增量实体解析技术也为知识发现、生物医学等相关领域中至关重要的增量式匹配、语义匹配，以及大量推理过程的实现等提供了新的探索思路。

1.4　研究思路与研究方法

1.4.1　研究思路

本书的总体思路框架如图1.2所示。

首先，对研究的背景、目标及意义进行阐述，说明研究的必要性和重要性；然后，对各种聚类算法下实体解析的相关研究方法进行归纳和总结，并主要分析基于优先队列的实体解析、基于相关性聚类的增量实体解析这两种研究方法的不足。

在借鉴现有研究成果的基础上，作者提出本书研究的整体思路，明确本书研究的3个关键问题：①如何在解析数据集时产生更能代表记录簇的代表记录，以有利于其中潜在相似记录的合并或排除；②如何找出解析过程中遗漏的潜在相似记录，并将它们划分到同一个记录簇，从而让代表记录的代表性进一步增强；③如何在数据集不断演化时基于代表记录集，让相关的记录簇进行快速、有效的自适应调整。

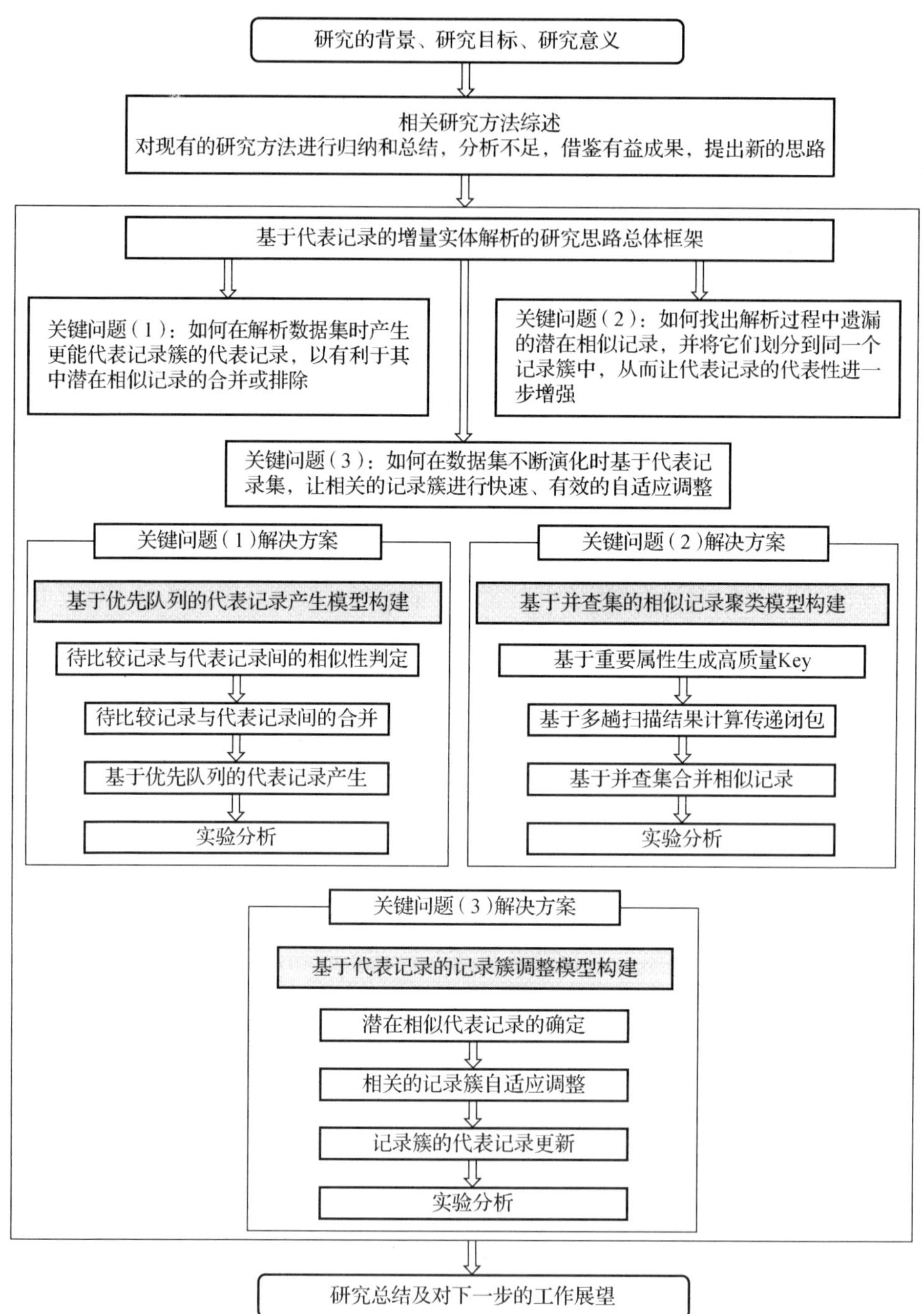

图 1.2　本书的总体思路框架

基于以上 3 个关键问题，作者提出了相应的解决方案。首先，构建基于优先队列的代表记录产生模型以产生更具代表性的代表记录，不仅能有助于减少生成的记录簇的数量，而且能减少记录比较的次数，最终有利于相似记录的合并或排除；然后，构建基于并查集的相似记录聚类模型以聚类那些因对应属性值彼此存在细微判别而出现相似性异常，以及实体解析方法本身存在局限性、而无法被划分到一起的潜在相似记录，最终得到数据集上尽可能合理的记录簇，从而让代表记录的代表性进一步增强；最后，构建基于代表记录的记录簇调整模型以让相关记录簇在每次操作时进行自适应调整，从而反映操作给数据集带来的变化，同时在调整过程中充分利用此前聚类结果中的相关信息，甚至修正此前结果中存在的错误。

1.4.2 研究方法

本书中所涉及的研究方法主要如下：

1）系统调查法。了解国内外相关研究所涉及的理论、研究思路与方法，对相关算法及系统的构建原理进行深入分析，分析其特点及不足，并作为本书理论研究、技术方法应用，以及实验基础的良好借鉴。

2）比较分析法。在分别对基于优先队列的实体解析方法、相似记录聚类方法、基于并查集的传递闭包计算方法、记录间的相似性判定与合并方法、相似性查找技术、“过滤-验证”框架，以及相关性聚类技术从多角度进行深入比较分析的基础上，选择适合本研究目标的方法，并对其进行修正和改进。

3）实验验证法。本书主要包括 4 个方面：对基于优先队列的代表记录产生模型的整体有效性进行验证及评测，对基于并查集的相似记录聚类模型的整体有效性进行验证及评测，对基于代表记录的记录簇调整模型的整体有效性进行验证及评测，从整体上对基于代表记录的增量实体解析方法的有效性、可行性进行实验验证和相关测评。

1.5　本书的组织结构

1.3 节和 1.4 节详细阐述了本书的研究目标、研究意义、研究思路和研究方法，对相关问题的研究和回答构成了本书的主要内容，按照研究问题解决方法和思路的逻辑关系对相关研究工作进行组织，形成了本书的组织结构，如图 1.3 所示。

本书共分 8 章，每章的具体内容如下：

第 1 章绪论，主要对本研究的背景、目标和意义进行阐述，对本书中所涉及的相关概念进行阐述，明确研究的具体问题、思路和研究方法，以便读者对本书的概貌进行了解。

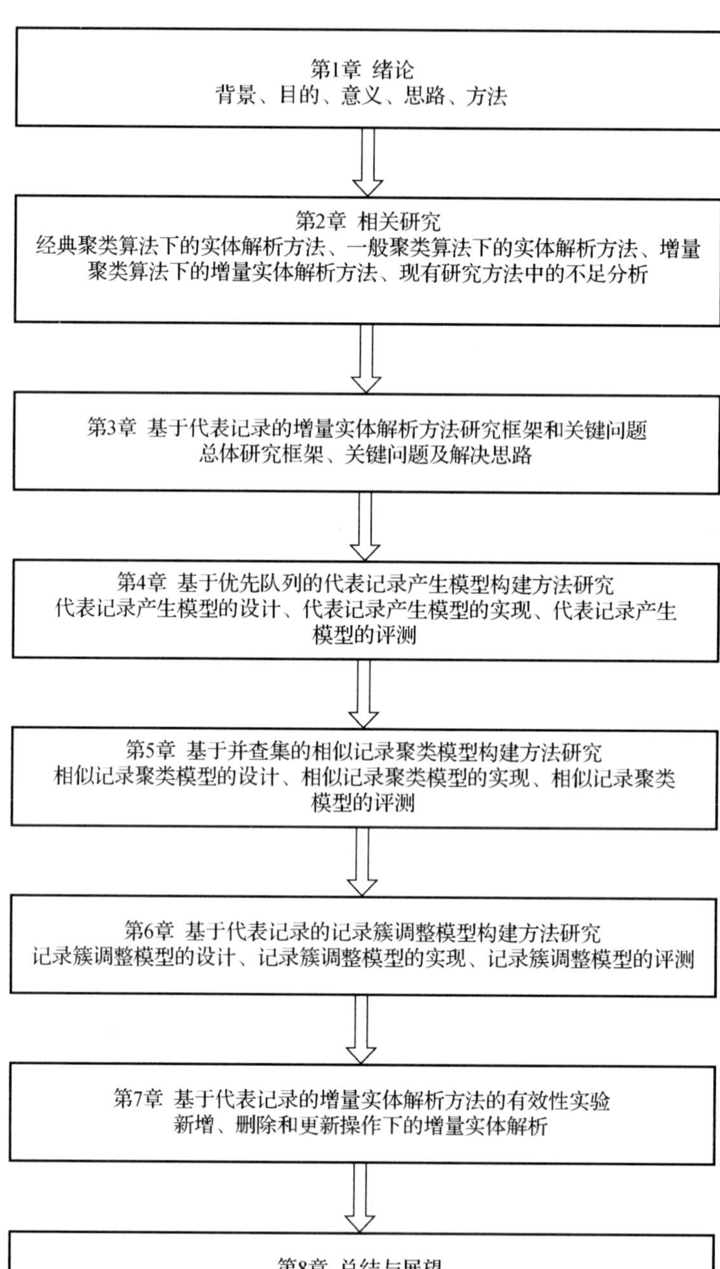
第1章 绪论
背景、目的、意义、思路、方法
第2章 相关研究
经典聚类算法下的实体解析方法、一般聚类算法下的实体解析方法、增量聚类算法下的增量实体解析方法、现有研究方法中的不足分析
第3章 基于代表记录的增量实体解析方法研究框架和关键问题
总体研究框架、关键问题及解决思路
第4章 基于优先队列的代表记录产生模型构建方法研究
代表记录产生模型的设计、代表记录产生模型的实现、代表记录产生模型的评测
第5章 基于并查集的相似记录聚类模型构建方法研究
相似记录聚类模型的设计、相似记录聚类模型的实现、相似记录聚类模型的评测
第6章 基于代表记录的记录簇调整模型构建方法研究
记录簇调整模型的设计、记录簇调整模型的实现、记录簇调整模型的评测
第7章 基于代表记录的增量实体解析方法的有效性实验
新增、删除和更新操作下的增量实体解析
第8章 总结与展望
研究工作总结、存在的问题、未来的研究工作

图1.3　本书的组织结构

第 2 章对基于代表记录的实体解析相关方法进行系统地归纳，对各个研究方法的优点、不足之处等进行总结，对这些方法在本研究中的可借鉴之处进行分析。

第 3 章首先提出基于代表记录的增量实体解析方法的总体研究框架，然后对本书研究的基本问题进行进一步的细化，明确本书所要解决的关键问题，以及解决关键问题的各个核心工作，为后续研究的开展确定方向。

第 4 章构建基于优先队列的代表记录产生模型。在给出相关定义和模型各功能模块及其关系的基础上，对模型 3 个功能模块，即待比较记录与代表记录间的相似性判定模块、待比较记录与代表记录间的合并模块，以及基于优先队列的代表记录产生模块进行具体设计，然后给出具体实现方法，最后对模型进行评测，并验证提出方法的有效性。

第 5 章构建基于并查集的相似记录聚类模型。在给出相关定义和模型各功能模块及其关系的基础上，对模型的 3 个功能模块，即基于重要属性生成高质量 Key 模块、基于传递闭包发现相似记录模块，以及基于并查集合并相似记录模块进行具体设计，然后给出具体实现方法，最后对模型进行评测，并验证提出方法的有效性。

第 6 章构建基于代表记录的记录簇调整模型。在给出相关定义和模型各功能模块及其关系的基础上，对模型的 3 个功能模块，即潜在相似代表记录的确定模块、相关的记录簇自适应调整模块，以及记录簇的代表记录更新模块进行具体设计，然后给出具体实现方法，最后对模型进行评测，并验证提出方法的有效性。

第 7 章主要从整体上对基于代表记录的增量实体解析方法的有效性、可行性进行实验验证和相关测评。

第 8 章对本书的研究工作进行总结、对本书的创新点进行说明，分析存在的问题和不足，并指出未来研究工作的方向。

本章小结

本章详细阐述了本书的研究背景、目标和意义，对本书中所涉及的概念进行了界定，对研究的问题进行了细化，明确了本书的总体研究思路和研究方法，并对本书的组织结构进行了介绍。

第2章 相关研究

聚类是数据挖掘中用来将那些在某些标准下彼此相似的数据对象划分到同一组的一项重要技术[41,42]，它基于无监督学习，且不需要训练数据（其中一些记录对的真实匹配状态已知）[43]。数据集上基于聚类的实体解析本质上就是聚类算法利用聚类原则将数据集中那些语法上相似的记录聚类在一起以形成一系列记录簇或簇。本章将对聚类算法下的实体解析机制进行系统归纳、梳理和综述，从而为相应解决方案的提出奠定基础。为此，主要从以下 4 个方面对其进行展开：经典聚类算法下的实体解析方法、一般聚类算法下的实体解析方法、增量聚类算法下的增量实体解析方法，以及现有研究方法中的不足分析。

2.1 经典聚类算法下的实体解析方法

由于经典聚类算法具有诸多特性：实现简单、高可靠性、可扩展性、可处理不同的数据类型、输入参数对领域知识的依赖性小、可处理高维数据，以及聚类结果的可解释性和可用性等，因此常用于实体解析过程中。在现有研究工作中经典聚类算法主要包括凝聚层次聚类（agglomerative hierarchical clustering，AHC）算法[44,45]、k-means 算法[46]和相关性聚类（correlation clustering）算法[47]等。

2.1.1 基于凝聚层次聚类的实体解析方法

凝聚层次聚类算法是一种自底向上的层次聚类算法，首先将输入的每个点作为一个簇，然后迭代地合并相似的簇，直到簇的个数达到 k 时为止。

假设要对 6 条记录 r_1～r_6 进行聚类，其中，每条记录包含 4 个属性（name、phone、city、state），用来描述一个人。使用式（2.1）的线性加权规则来计算任意两条记录间的相似性值，具体计算过程如下：

$$\begin{aligned}\mathrm{sim}(r_j,r_k)=&0.3\mathrm{sim}_{\mathrm{name}}(r_j,r_k)+0.3\mathrm{sim}_{\mathrm{phone}}(r_j,r_k)\\&+0.1\mathrm{sim}_{\mathrm{city}}(r_j,r_k)+0.3\mathrm{sim}_{\mathrm{state}}(r_j,r_k)\end{aligned}\tag{2.1}$$

为让记录间相似性值的计算过程更接近真实状态，假定 3 个属性 name、phone 和 state 的权值都是 0.3，属性 city 的权值是 0.1，且它们的权值之和为 1。在图 2.1（a）所示的聚类过程中，首先，计算所有记录对的相似性值 $\mathrm{sim}(r_j,r_k)$；接着，迭代地合并那些相似的簇，当然在合并过程中可能需要计算簇间的相似性值：

在第一轮迭代中，将最相似的两个簇（两条记录）进行合并，假如r_1和r_2最相似，则它们将合并成簇C_1。

在第二轮迭代中，假如r_4和r_5最相似，则它们将合并成聚簇C_2。

在第三轮迭代中，假如r_3和簇C_2最相似，则它们将合并成簇C_3。

最后，得到 3 个簇：C_1、C_3和r_6（看作一个单点簇）。

此时，如果任意两个簇之间的相似性值都不大于阈值β，则聚类过程终止，并返回C_1、C_3和r_6 3 个簇，这 3 个簇分别表示 3 个不同的实体。聚类结果表明，r_1与r_2相似（匹配），r_3、r_4和r_5中的任意两条记录相似，而r_6与其他任何记录都不相似。图 2.1（b）中显示了这个自底向上的迭代合并过程，同时也显示了凝聚层次聚类算法的“层次”特性。

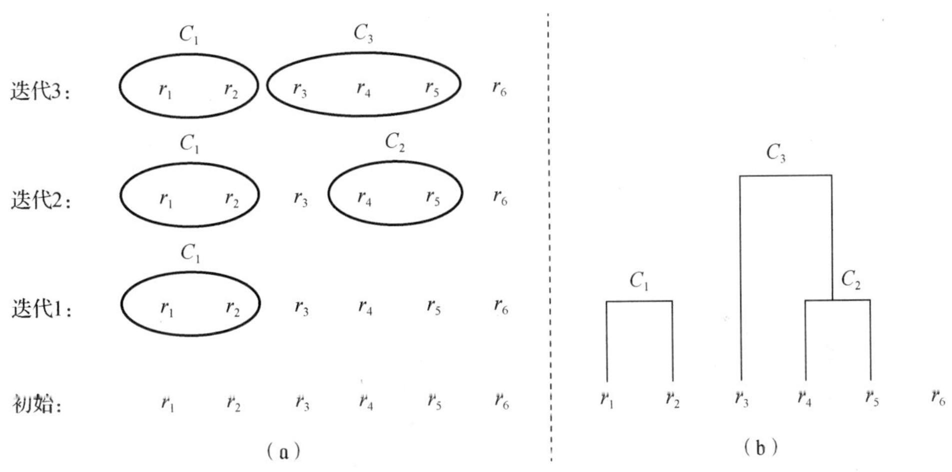

图 2.1　凝聚层次聚类[48]

凝聚层次聚类的优点：基本上能发现任意形状的簇类型，能产生较高质量的聚类结果。缺点：时间复杂度较高，对大数据集的处理在计算上基本是不可行的；合并决策是最终的，一旦决定不能撤销，这意味着一组对象一旦合并则下一步处理将在新生成的簇上进行，已做的处理不能撤销，簇之间也不能交换对象，这可能会导致低质量的聚类结果，即造成局部最优变成全局最优。

2.1.2　基于 k-means 聚类的实体解析方法

k-means 算法是一种基于划分的算法，它试图找出满足某一特定标准的k个划分（簇）。为在实体解析中使用 k-means 算法来聚类记录，只需将k设定为 3 即可，以对应于 3 个不同的簇：匹配、非匹配和可能匹配。

和其他任何聚类算法一样，k-means 算法也从比较数据集中的记录对开始。

这里，将记录对比较的结果用比较向量$\boldsymbol{C}_{i,j}=[c_1^{i,j},c_2^{i,j},\cdots,c_n^{i,j}]$来表示，向量中的分量来自$r_i$、$r_j$的对应属性比较后的相似性值$c_k^{i,j}$。k-means 算法将这个比较向量看成$n$维空间中的一个点，其中，$n$是记录的属性数目。k-means 算法的目标是将空间中的这些点划分到 3 个簇中的某个簇中。例如，一个点被划分到匹配簇中，表示相应的两条记录彼此相似。为实现这个目标，k-means 算法需要先确定哪个区域表示一个匹配簇，哪个区域表示一个非匹配簇，以及哪个区域表示一个可能匹配簇，继而才能确定空间点集中的哪个点属于哪个匹配状态，即确定记录对的相似状态（相似、不相似或可能相似）[49]。

为此，需要假定所有用于比较属性值的相似性度量定义如下：如果值为 0 表示两个比较的属性值完全一致，那么$c_k^{i,j}=0$表示两条记录中对应属性值完全一致，且相似性值为 0。这样，在所有属性上都完全一致的完全匹配记录对，将会产生一个所有分量值都为0的比较向量$[0,0,\cdots,0]$，正好与n维空间中原点的位置重合。类似的，在所有属性上都完全不一致的完全不匹配记录对，将会产生一个所有分量值都为 1 的比较向量$[1,1,\cdots,1]$。

从直观上可以看出，离原点最近的点（比较向量）可判定为与原点的匹配情况相似，即原点对应的两条记录相似，该点对应的两条记录也相似。类似的，离原点最远的点可判定为与原点的匹配情况不相似，介于上述两者之间的点可判定为可能相似。因此，只要依据标准确定空间中哪个区域表示哪种匹配状态簇，也就确定了空间中点的相似状态，进而可确定两条记录的相似状态。通过相似记录间的相似传递性，即可更大范围地找到并确定彼此相似的记录（它们表示同一实体）。

k-means 算法的优点：算法简单、快速，处理大数据集时是相对可伸缩的和高效的。缺点：要求用户必须事先给出生成的簇的数量 k，而且该算法对初始值敏感，即对于不同的初始值，可能会导致不同的聚类结果。

2.1.3 基于相关性聚类的实体解析方法

相关性聚类是用于实体解析研究的一个标准方法，由 Bansal 等正式提出[47]。相关性聚类的目标是在一个带权相似图形（由记录对间的相似性值构成）上生成一个最佳划分（簇），该划分尽可能地与结点间的相似性值（边的权值）保持一致，使形成的聚类结果满足“一致性权值最大”原则或“不一致性权值最小”原则[47]。一致性权值是指，簇内标记为“+”边的权值与簇间标记为“-”边的权值的总和。不一致性权值是指，簇内标记为“-”边的权值与簇间标记为“+”边的权值的总和。这样，聚类结果中的簇将会尽可能地包含那些彼此相似的记录。图 2.2 显示了一个优化后的聚类结果，其中发生错误的是两条标记为“+”的边和一条标记为“-”的边，它们的总权值为 5（2+1+2）。

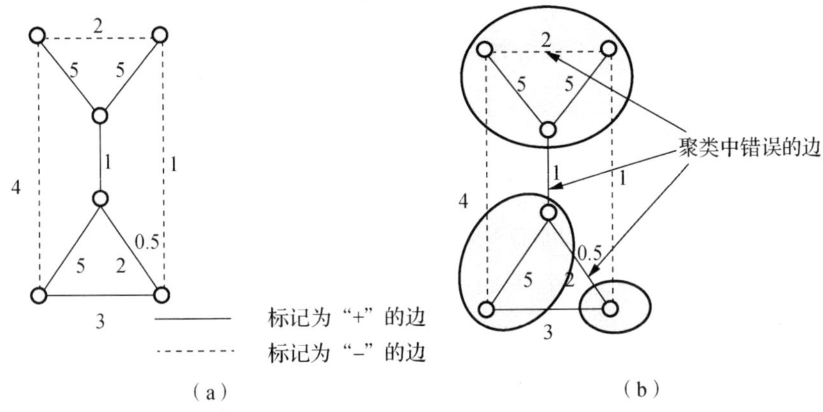

图 2.2 带权图形中的相关性聚类实例[50]

这种基于图划分所进行的聚类，并不是孤立地基于记录对间的相似性值来进行识别决策的，而是充分考虑了多个待识别结点之间的相似性值。因此，当确定将图中某个结点分配到某个簇时，不是简单地依赖该结点与某一个其他结点的相似性值，而是依赖于该结点与这个目标簇中的所有结点，甚至其他簇中所有结点的相似性值。

与其他聚类算法（如 k-means 算法等）相比，相关性聚类算法存在 5 个方面的优势：①有清晰的聚类质量概念，即形成的聚类结果满足“一致性权值最大”或“不一致性权值最小”原则；□ 不需要预先指定聚类结果中簇的数量，该数目可以是 1～n 的任何一个数；□ 不依赖记录出现的顺序，并以无监督方式学习聚类；④相似图形中边的权值可以是位于[0,1]区间内的任意实数值，不一定是 0 或 1 这种二元值；⑤相关性聚类代表一种基于邻接度量（adjaccncy-bascd）的图形聚类方法[51]，因此，适合在相似图形上进行聚类。

2.2 一般聚类算法下的实体解析方法

除了使用经典聚类算法来实现实体解析目标外，现有研究还通过不同方法从提升聚类精度或提高聚类速度角度来设计一些聚类算法，主要有以下 4 种方法：①应用优先队列数据结构来减少比较次数，以有效提高聚类速度；②通过在相似图形中减少子图的大小或发现子图中心的方法来修正在两两比较和分类后存在的错误；③基于所有记录对间的相似性值来聚类记录，而不仅仅是那些匹配记录对间的相似性值；④直接利用记录对间的比较向量来判断记录对的匹配状态，而不是利用总的相似性值。

2.2.1 基于优先队列的实体解析方法

在早期的聚类方法研究工作中，Monge 提出了一个领域独立的、自适应的实体解析系统[24,52]。该系统依据一些相似性度量（如 Smith-Waterman 算法[53]）来聚类记录，并涉及一个保存在内存中的优先队列，其中的元素是最近形成的簇。每个簇对应于一个实体，并由表示这个实体的一条或若干记录组成。为了节省内存，对于一个给定的簇而言，并不是将所有表示同一个实体的记录都保存在内存中。

最初，数据集中所有待解析的记录依据排序键（sorting key）排序，这样，那些潜在相似的记录将会被排列在一起。然后，排序数据集中的记录依次得到处理。将每次取出的记录作为待比较记录与保存在优先队列中的记录簇进行比较，如果匹配被发现，那么当前记录被赋给匹配的记录簇，并且该记录簇被放置在优先队列的头部。如果匹配没有被发现，那么将形成一个仅由当前记录组成的新记录簇。为了确保仅一定量的内存被使用，如果一个新记录簇产生并且优先队列超出了最大的长度限制，那么最老的记录簇将会从优先队列的尾部移除。

Hernandez 等提出的联合近邻排序（sorted neighbourhood）和聚类技术的实验结果表明：基于优先队列的实体解析方法能实现与基本近邻排序方法（basic sorted neighbourhood）类似的匹配精度[6,54]。该方法能减少近 75%的记录对比较次数，因为每条记录仅需与一个簇的少量代表记录进行比较。

2.2.2 基于相似图形的实体解析方法

1. 减少子图大小

在对记录对进行两两比较和分类后（pair-wise comparison and classification）[25,55]，可将那些匹配的记录对构成一个相似图形，假设如图 2.3 所示，其中，结点表示一条记录，结点之间的实线边表示记录间彼此匹配（相似）（实数表示相似性值，如 5.25、6.20 等），虚线边表示记录间彼此非匹配（不相似）。

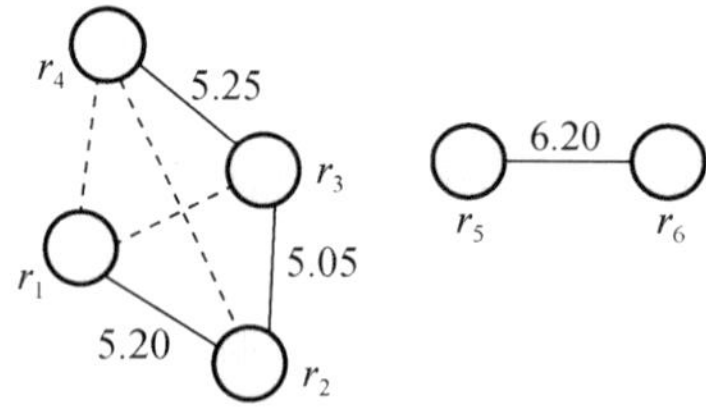

图 2.3 构成的相似图形

相似图形上的实体解析被看成一个在对记录进行两两比较和分类后所进行的后期处理步骤，旨在确定哪些记录子集对应于哪些实际实体，即确定相似图形中的哪些子图对应于哪些实际实体，其中，子图是由相连的记录构成的子集[6,34]。一种特殊情况是一个结点表示一个子图。

以图 2.3 中的相似图形为例，其中由 4 个结点 $r_1 \sim r_4$ 组成的子图不太可能对应一个实体，而是对应 3 个实体。例如，只有 r_1 和 r_2 像是对应于同一个实体的重复记录，而其他两个结点则不是。

上面的解析过程其实就是减少子图大小以让某些记录对应于同一个实体。为实现这个目标，现有研究采用的方法是从子图中具有最小相似性值的边开始，按从小到大的顺序迭代地删除结点间的边。

对于包含结点 $r_1 \sim r_4$ 的子图来说，结点 r_2 和 r_3 之间的边具有最小相似性值（5.05），因而这条边将首先被删除，这时剩下两个新的更小的子图，一个由结点 r_1 和 r_2 组成，另一个由结点 r_3 和 r_4 组成。删除边的过程能重复进行，直到每个子图仅包含那些至少具有最小簇内相似性值 t_c 的边，实现传递闭包（子图中相连的结点表示同一实体），或直到每个子图包含最多为 n_c 个结点[34]。究竟使用哪种停止标准，取决于实体解析应用本身的要求。

继续以图 2.3 为例来进行分析，如果将最小簇内阈值 t_c 设定为 $t_c = 5.25$，那么结点 r_2 和 r_3 之间的边将首先被删除，随后，结点 r_1 和 r_2 之间的边也将被删除，从而出现 3 个单独的实体（可能对应于错失的真正匹配），同时结点 r_3 和 r_4 之间的边将被保留以表示匹配（可能是一个错误的匹配）。如果将子图包含的最大结点数量设定为 $n_c = 2$，那么结点对 r_1 和 r_2 被认为表示同一个实体，结点对 r_3 和 r_4 被认为表示另一个实体，仅结点 r_2 和 r_3 之间的边被删除。

2. 确定子图中心

除了减少子图大小外，在匹配候选记录对构成的相似图形上进行实体解析还有一种方法，即找到每个子图的中心，将结点分配给离其最近的中心，也就是说，它们与中心结点最相似。CENTER 方法[56]，首先将子图中所有的边按其相似性值降序排序。结点 r_i 首先出现在子图的一条边上，因而它被指派作为一个簇的中心。在排序列表中所有出现在边 (r_i, r_j) 上的结点 r_j 都将被分配到该簇，而不是任何其他簇[34]。

当这种聚类技术应用在图 2.3 中由结点 $r_1 \sim r_4$ 组成的子图上时，所有边的排序列表是 (r_3, r_4)、(r_1, r_2) 和 (r_2, r_3)，它们的相似性值分别是 5.25、5.20 和 5.05。如果结点 r_3 被标记为簇的中心结点，那么 r_4 被认为是这个簇的一部分。接下来考虑边 (r_1, r_2)，由于被标记为簇的中心结点，或作为某个簇的一部分的结点既不是 r_1，又不是 r_2，因此 r_1 被标记为一个新簇的中心结点，同时 r_2 被认为是该簇的一部分，因为它们在同一条边上。最后考虑边 (r_2, r_3)，由于其中两个结点已经被分配给某些簇，因此这条边将不作考虑。结果是，在这个子图上进行的聚类分析将产生两个新的子图（簇），对应于两个实体，一个由结点 r_1 和 r_2 组成，另一个由结点 r_3 和 r_4 组成。

另外，在一对结点中选择哪一个作为新簇的中心结点，将会明显影响最终的聚类结果。为解决这一问题，MERGE-CENTER 方法[56]在两个簇的中心结点非常相似时合并两个簇。

2.2.3 基于相似性值的实体解析方法

在基于匹配候选记录对构成的相似图形进行聚类分析时有一个主要缺点：聚类分析过程用将记录对划分为匹配和非匹配的最小簇内阈值来确定相似图形的构成，而这个阈值是一个应用于所有比较记录对的全局参数。克服上述缺点的一种迭代方法是基于所有记录对间的相似性值来聚类记录（而不仅仅是那些划分为匹配的记录对），同时基于那些彼此相似的记录来引导这个聚类过程[57]。这种方法类似于基于密度的聚类方法[41]。

Chaudhuri 等[58]提出了一种基于紧凑集（compact set，CS）和稀疏邻居（sparse neighbourhoods）思想的方法。紧凑集是由一组彼此都更相似的记录组成的集合（彼此具有更小的距离 dist()），这里所说的更相似是相比于各记录与任何其他记录的相似程度而言的。具体来说，对于所有的记录对都有 $r_i,r_j \in \mathrm{CS}$，$\mathrm{dist}(r_i,r_j) < \mathrm{dist}(r_i,r_k)$，$\forall r_k \notin \mathrm{CS}$。记录 r_i 的邻居集定义为 $N(r_i) = p \cdot \mathrm{nn}(r_i)$，其中，$\mathrm{nn}(r_i)$ 是记录 r_i 到其最近邻居的距离，p 决定以 r_i 为中心的圆的半径大小。如果 r_i 的邻居集 $N(r_i)$ 中的记录数量低于某一常数阈值，那么 r_i 的邻居被定义为稀疏的[58]。这种聚类方法的优势是记录簇的形成取决于各记录邻近记录的数量和密度，而不是基于一个全局阈值。

2.2.4 基于比较向量的实体解析方法

有研究认为，简单的基于阈值的分类方法中有一个主要缺点：通过将记录对各对应属性的相似性值汇总后得到一个总的相似性值，之后将该值与阈值进行比较（大于阈值就认为记录对匹配，否则非匹配）以区分记录对是否匹配的方法，可能会导致包含在个别属性对上相似性值中的详细信息丢失，从而影响判定的准确性[4]。鉴于此，Verykios 等[59]和 Elfeky 等[49]提出直接使用比较向量（comparison vectors）来判定记录对的匹配状态，而不是通过总的相似性值来聚类实际的记录，其中比较向量是在比较步骤中生成的。更确切地说，将比较向量插入 3 个簇中的某一个，类似于传统的概述记录链接（probabilistic record linkage）方法[14,60]，其中，这 3 个簇分别对应 3 种状态：匹配状态、非匹配状态和潜在匹配状态。确定属于匹配状态的簇和属于非匹配状态的簇是比较容易的，因为它或有一个与精确匹配（具有比较向量[1.0,⋯,1.0]）非常接近的质心向量（centroid vector），或有一个与完全非匹配（具有比较向量[0.0,…,0.0]）非常接近的质心向量。

为此，只要先确定对应匹配和非匹配的两个簇，然后就可确定对应潜在匹配的簇。最后，只需将记录对的比较向量与簇的质心向量进行比较，即可确定比较向量插入的簇，进而确定记录对的匹配状态。

这种方法的优势在于，那些位于匹配状态簇中的比较向量和位于非匹配状态簇中的比较向量可用来作为决策树分类器的训练数据[61]。

2.3 增量聚类算法下的增量实体解析方法

事实上，聚类算法研究如何在静态数据集上进行聚类分析，而增量聚类算法研究如何在动态数据集上进行聚类分析，它不仅要考虑静态数据集中先前的聚类结果，而且要考虑静态数据集上频繁的新增、删除和更新操作的影响。具体来说，增量聚类算法的基本思想如下：利用静态数据集中先前的聚类结果来解析插入、删除和修改操作中的数据对象（记录）。这一增量解析过程需在不显著影响先前聚类结果的情况下，要么为这些操作涉及的记录新建一个簇，要么将其与现有的簇进行合并或分离。

很显然，在大数据环境下，基于增量聚类算法的增量实体解析研究将面临新的挑战[3,19]。为设计能有效实现面向数据快速演化的增量聚类算法，现有研究主要从 3 个方面来开展工作：基于位置敏感哈希（locality sensitive hash，LSH）算法、基于经典聚类算法和基于其他聚类算法。

2.3.1 基于位置敏感哈希算法的增量实体解析方法

在现有研究中，为相似查询提供近似解的最具代表性的算法是位置敏感哈希算法[62,63]。其基本思想如下：使用适当的能限定点间距离碰撞概率的位置敏感哈希函数来处理数据点，使一些相似的数据点比一些不相似的数据点更容易分配到同一个桶中。这让基于位置敏感哈希算法的实体解析技术可满足增量解析需求，即基于位置敏感哈希算法的实体解析技术可快速地将新记录分配到一个适当的簇中[32]。更确切地说，对新记录的解析通过在哈希索引结构中检索相邻记录来实现。

由于位置敏感哈希算法不仅能为相似查询提供近似解，而且解决了有限扩展性的问题，并解决了高维近邻数据的快速检索问题，因此受到了实体解析研究领域的高度关注[12,62,64]。Costa 等[32]提出了基于 Canopies[65]的增量聚类算法，与其他算法的主要区别在于，使用最小散列函数（minwise hashing functions）[62,66]来允许增量近似地检测那些保存在桶内的 Canopies。此外，在书目数据集上开展的研究及模拟实验结果表明，对于大型数据集来说，位置敏感哈希算法比 R-Swoosh

算法具有更好的扩展性[67]。Gionis 等利用位置敏感哈希算法在 64 维的实例空间中将近邻查找的速度提高了 2～5 倍[62]。

位置敏感哈希算法的优点：检索速度很快；适合于动态数据集增量索引，索引结构更新的计算代价小。其主要局限：耗费内存空间很大，近邻点可能分布在多个桶，如果要达到较好的性能，可以建立多个哈希表。

2.3.2 基于经典聚类算法的增量实体解析方法

考虑一些经典聚类算法满足在大数据环境下进行增量实体解析所需的增量性质，一些研究关注如何基于经典聚类算法来设计增量聚类算法，以实现面向数据快速演化的实体解析目标。现有研究主要从 3 个方面来开展工作：凝聚层次聚类算法、k-means 算法和相关性聚类算法。

1. 凝聚层次聚类算法

针对动态环境中非增量层次聚类方法面临的效率低下问题，Widyantoro 等[68]提出了增量凝聚层次聚类算法（incremental hierarchical clustering，IHC），旨在构建一个满足同质性（homogeneity）和单调性（monotonicity）的层次结构。同质性簇是一个具有相似密度的对象的集合。如果一个簇的密度总是高于其父辈簇，那么簇的层次结构满足单调性。算法以自底向上的方式运行，在将新来实例放置于层次结构后，算法只对受新实例出现所影响的区域进行一系列层次结构调整过程。

为对度量空间（metric space）中的动态结点集进行聚类，在受到信息检索领域中一些应用的启发下，如文档和图像分类等应用，Charikar 等[27]提出了基于层次凝聚的增量聚类算法（incremental clustering algorithms，ICA）。算法的目标是，随着新结点的插入，算法能有效地维持一些具有最小直径的簇。涉及的增量聚类问题定义为，对度量空间中一个有 n 个结点的更新序列（update sequence）来说，维持一个有 k 个簇的集合，使每当有新结点出现时，它或者分配给当前 k 个簇中的某个簇，或者在该集合中新增一个包含该结点的簇，此时需要将两个现有的簇合并成一个簇，因为簇的总数设定为 k。不同于其他聚类技术，该增量聚类算法需要预先设定簇的总数。

Benjelloun 等[69]将实体解析问题划分为两个方面：匹配与合并记录的黑盒（black-box）函数和调用这些函数的实体解析算法。这种划分带来两个好处：产生一些可被许多应用使用、具有良好语义结构的通用实体解析算法；专注于算法性能指标（减少对潜在昂贵的黑盒函数的调用次数）。在此基础上，作者提出了一个很容易适应新数据或新特征不断出现的增量环境下的 F-Swoosh 算法。由于该算法利用多个哈希表（hash tables）来保存值，因此，当新记录出现时，可不必在整个记录集上运行 F-Swoosh 算法，从而避免在记录间进行一些不必要的比较，尤其是在已经知道记录对不匹配的情况下。对新特征的处理与此类似。

2. k-means 算法

针对 k-means 算法倾向收敛于局部最优的问题，Pham 等[70]提出了一种通过移动簇中心以减少簇失真（cluster distortion）的增量 k-means 算法（incremental k-means）。他们提出的搜索策略让算法减少了对簇中心初始化的依赖，并且算法仅需运行一次就能实现几乎最佳的聚类结果。

3. 相关性聚类算法

针对在线数据项的在线聚类问题，Mathieu 等[71]研究基于相关性聚类的增量相关性聚类算法（incremental correlation clustering），其主要关注两点：①每次向聚类结果中加入一个顶点；②已识别的聚类结果需要保存。数据项 v 一旦到达，v 和先前到达的数据项之间的关系就会被揭示，结果是，对于每个数据项 u，就知道它是否与 v 相似。算法可能会为 v 产生一个新的簇，并将它与现有的簇合并。由于算法一直维持将数据项的聚类结果放到相似的类别中，因此非常适合那些对某事物感兴趣的应用。

针对大数据背景下数据更新快而使先前聚类结果很快失效的问题，如某些属性值随时间变化而变化等，Christophides 等[72]提出了一个端到端框架来对增量操作涉及的记录实施增量聚类。其中，基于相关性聚类的增量聚类算法不仅能增量更新聚类结果，而且能在不影响先前聚类结果的情况下将增量操作涉及的记录与现有的簇进行合并或分离，并能利用增量操作（见 6.2 节定义 6.1）中带来的记录变化来修正先前聚类结果中的错误。重要的是，算法能显著减少聚类过程所需要的时间，同时无损聚类质量，进而满足面向数据演化的近乎实时的解析需求。

2.3.3 基于其他增量聚类算法的增量实体解析方法

考虑大数据环境下的实体解析与聚类数据流（data streams）的问题密切相关，因此，现有研究利用研究聚类数据流的方法来开展增量实体解析研究。

针对动态数据集中可能随时存在新增、删除和更新记录的问题，Can[73]提出了适用于动态信息处理的增量聚类算法。该算法能在不显著影响当前所有簇的情况下，只对与记录改变相关的簇进行分析。

Aggarwal 等[74]认为，尽管针对数据流开发的聚类算法解决了聚类技术中的可扩展性问题，但通常对数据演化问题视而不见，并且没有解决以下两个问题：①当数据随时间不断演化时，形成的簇的质量差；②数据流聚类算法需要更多的功能以在数据流的不同部分上去发现和探索簇。为了聚类大量演化的数据流，作者提出了一个高效率的 CluStream 算法。相较于其他算法试图一次性聚类整个数据流，CluStream 算法将数据流看成一个不断随时间改变的过程，并能描述（characterize）演化环境中不同时间段上的数据流簇。

Whang 等[28]对现有不能适应数据演化的聚类技术进行改进，定义了一个能保证数据演化准确性的增量性质（general incremental，GI），提出了一个满足该增量性质的增量数据算法（incremental data algorithm）。由于能充分利用先前的聚类结果，因此增量数据算法在面向数据演化时不仅能一次解析一条记录，而且有较好的解析效率。

Müller 等[75]认为数据清洗是一项耗时且代价高昂的任务。在执行数据清洗并获得无错误的“干净”数据集后，当数据集中的一些记录值出现变更时，无须对整个数据集重新执行清洗过程，仅需对受变更值影响的部分重新执行清洗，其中，受影响的部分通过分析清洗谱系（cleansing lineage）来确定。清洗谱系不仅维持那些已正确识别的记录，而且维持那些在清洗过程中证实为正确识别的记录。

Hernandez 等[54]认为一旦数据集被清洗（通过合并/清洗过程），并存储以供将来使用，那么在重新执行合并/清洗过程前，将已清洗过的数据与新到来的数据进行串接（concatenation）可能不是最好的策略。特别地，在新的增量数据短期内可用的情况下，在执行合并/清洗过程前，串接所有数据可能在时间和空间上都是昂贵的。为此，作者提出了一个增量合并/清洗算法，它能在短时间内很好地解析新增数据。

2.4　现有研究方法中的不足分析

鉴于本书提出的基于代表记录的增量实体解析研究中的基本思路和方法涉及基于优先队列的解析策略和记录簇调整策略，本书主要对基于优先队列的实体解析方法及基于相关性聚类增量实体解析方法中存在的不足进行分析。

2.4.1　基于优先队列的实体解析方法中的不足

现有“排序&合并”思想下的基于优先队列的解析方法，在识别静态数据集中相似记录时在效率、精度方面具有一定的优势，主要是因为在扫描数据集时它能对所发现“记录块”的大小、同质性（记录簇内的记录彼此相似）自适应地做出反应，进而能在产生记录簇的同时给出该记录簇的“基准记录”，并通过“基准记录”来帮助发现后续扫描到的相似记录。通过这种一边扫描一边产生“基准记录”的方法可以大大减少不必要的记录比较操作。然而，这种方法也存在一些不足之处，主要体现在以下3个方面：

1）很大程度上依赖排序记录集时所选择的关键字。如果记录中充当或部分充当关键字的属性值出现错误（或各种表示差异），那么该记录将很少有机会获得成功的相似记录匹配。例如，模式为(index, name, age, sex, address)的两条记录，一条记录的index值是“8222333”，另一条记录的index值是“2822333”（左边的两位数位置颠倒错误），若选择index值作为关键字，则排序后这两条记录的物理位置将相距较远，因而无法对它们进行相互比较并判定（识别、解析）为彼此相似。

2）比较过程中产生的代表记录缺乏代表性。代表记录通常不能代表该记录簇的“核”[76,77]，即不能很好地反映所关联簇内记录中的多样性，因而在将它与其他记录进行比较时，就可能无法正确算出它们之间的相似性值，从而较易出现错误肯定（false positive）和错误否定（false negative）。这两种情形，前者表示被误判为相似，后者表示被误判为不相似。例如，用单条记录或合在一起的若干条记录来代表记录簇时，通常并不足以代表整个记录簇所具有的特征、多样性。即便如此，选取的代表记录也会随选取方法和数据集特征的变化而变化，从而导致其稳定性较差。

3）基于优先队列的解析方法本身容易引起相似记录漏配。除了上面两种情形可能会产生相似记录漏配外，方法中解析策略本身的局限性也可能会引起相似记录漏配问题。出于解析速度的需求，通常会将优先队列的大小设定为4，这样，那些与代表记录潜在相似的记录就可能因为代表记录本身不在优先队列中，而无法与其进行比较，从而导致解析方法将为它们产生新的记录簇及相应的代表记录。然而，将优先队列的大小设定为较大的数值时又会增加很多不必要的比较。此外，如何给作为优先队列元素的代表记录设定优先级也会给解析过程带来一定程度的影响。

2.4.2 基于相关性聚类的增量实体解析方法中的不足

基于已获得的聚类结果并能在数据集中数据不断变化的情形下进行实体解析的基于相关性聚类增量解析方法，不仅在每次解析时能充分利用前一步聚类结果中的信息来改善当前聚类过程的效率，而且得到的聚类质量与进行重新聚类时的聚类质量类似。此外，该方法在抗噪声数据、适应数据集频繁更新等方面具有显著的优势，并能利用记录变化来部分修正此前聚类结果中存在的错误。然而，这种方法也存在一些不足之处，主要体现在以下两个方面：

1）未能有效找出那些与变化数据相关的记录簇。对于变化的数据（记录）而言（或由数据质量问题引起），增量解析方法对其有3种处理方式，一是将它分配到某个已知的记录簇；二是为它新增一个记录簇；三是通过它合并两个已知的记录簇。很显然，无论采用哪种处理方式，增量解析方法都需要先找出与变化数据相关的一些记录簇（最简单的就是变化数据所在的记录簇），之后才能进行判定并执行相关处理操作。然而，现有增量解析方法中的连通分量算法、迭代算法并没有给出任何查找与变化数据直接相关的记录簇的方法，它们只是假定已经知道变化数据所在的记录簇，并以该记录簇为基础查找最有可能与之相关的其他记录簇，这显然与实际应用中的处理方式不符。

2）记录簇动态调整过程计算开销较大。记录簇动态调整过程相当于在相似图形上进行子图划分以找到一个最佳聚类结果（对图中结点进行聚类），使该聚类结果尽可能与结点间的相似性值（边的权值）一致。然而，这种划分过程计算复杂度较高，且很难找到一种精确的划分方法，因为它利用目标函数来评价聚类结果的质量，并选择能优化目标函数值的某个聚类结果作为最佳聚类结果，这一计算并选择的过程实质上是一个整数规划问题，而且是一个 NP-Hard 问题，因而需要采用近似求解方法[47]。

本 章 小 结

本章主要对聚类算法下的相关实体解析相关研究方法进行了系统归纳、整理，对各个研究方法的特点、不足之处进行了总结。这些方法为本书的研究提供了良好的借鉴作用，尤其为基本理论的提出、相关实验研究的开展等带来了启示。

第 3 章　基于代表记录的增量实体解析方法研究框架和关键问题

第 2 章对聚类算法下的实体解析相关研究方法进行了归纳和总结，这些方法为本书的研究提供了良好的借鉴作用，但仍不能有效满足大数据环境下的增量实体解析需求。因此，针对现有实体解析方法研究工作中的不足，本章将提出基于代表记录的增量实体解析方法的总体研究框架，并对待解决的关键问题提出相应的解决思路。

3.1　总体研究框架

针对现有在数据集上进行实体解析、增量实体解析研究工作中的不足，本书提出基于代表记录的增量实体解析方法，旨在对数据集中潜在相似记录及其演化进行解析的关键技术进行研究，其总体研究框架如图 3.1 所示。按照增量实体解析过程的步骤，框架由 3 部分组成：基于优先队列的代表记录产生模型构建、基于并查集的相似记录聚类模型构建和基于代表记录的记录簇调整模型构建。

1．基于优先队列的代表记录产生模型构建

基于优先队列的代表记录产生模型构建时，主要关注如何在实体解析过程中产生更具代表性的代表记录，使其能更有效地聚类数据集中的相似记录，同时避免进行一些不必要、代价高昂的比较操作，最终提高解析精度、加快解析速度。考虑到代表记录的产生过程与基于优先队列的实体解析过程密切相关，并且代表记录是作为优先队列中的元素出现的，因此，为在这一动态过程中产生更具代表性的代表记录，基于优先队列的代表记录产生过程主要从两个方面进行：一是确定代表记录本身的构成方式，并规范其属性值的构成方式，以使产生的代表记录更具代表性提供保障；二是按照该构成方式并结合优先队列的特性，如优先级和大小，一边形成记录簇一边产生新的代表记录，或更新已经存在的代表记录。具体来说，通过这种方式产生的代表记录，其属性上的值相当于通过合并其当前所代表记录簇中所有相似记录对应属性上的值而得到（如果记录簇中只包含一条记录，那么该记录就是代表记录），并随着记录簇中包含的记录数量逐渐增多而逐步更新。

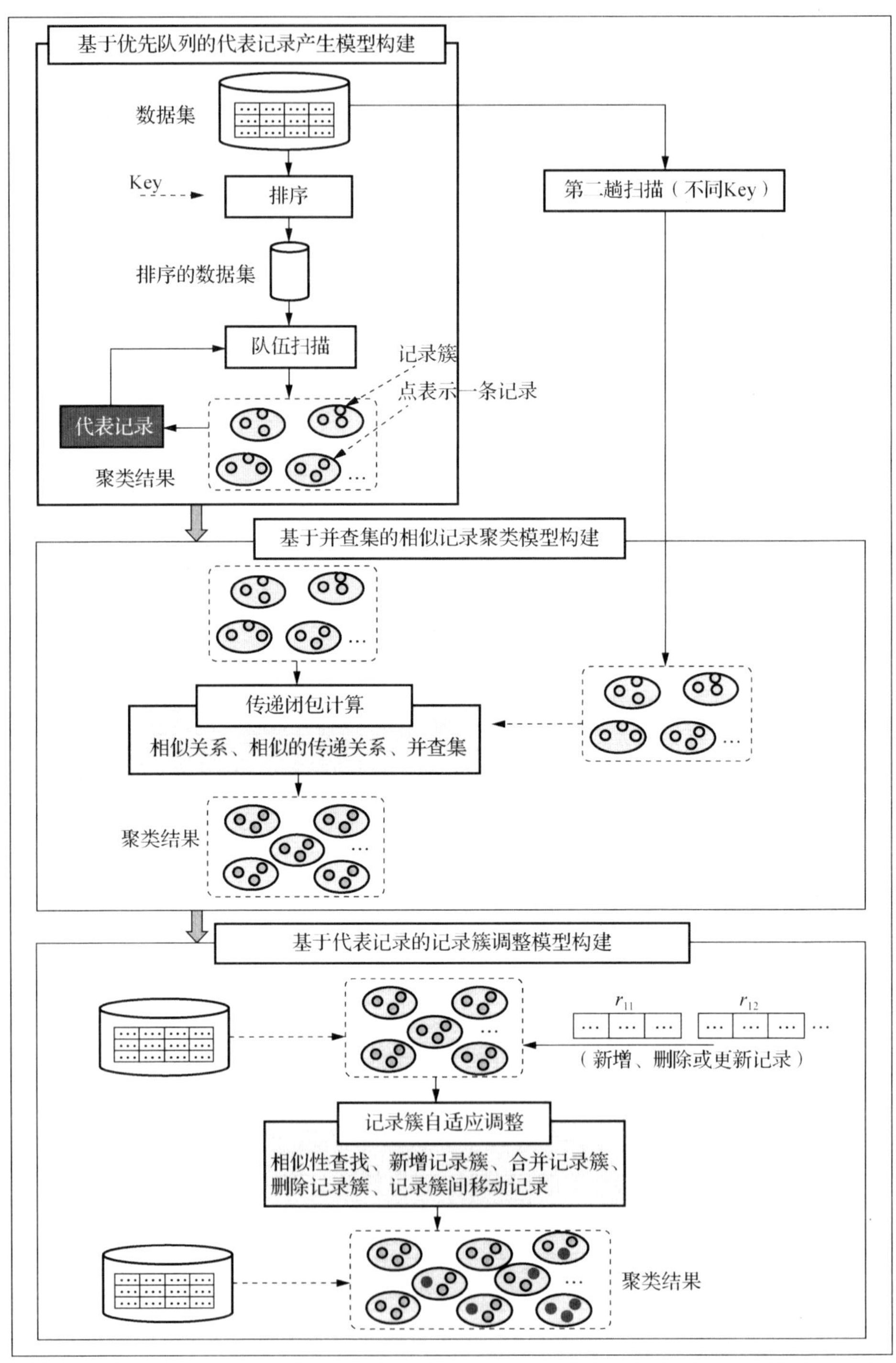

图 3.1　本书总体的研究框架

2. 基于并查集的相似记录聚类模型构建

基于并查集的相似记录聚类模型构建时，主要关注如何找到一趟扫描后未解析出的潜在相似记录并将它们聚类到一起，避免相似记录漏配，进一步增强代表记录的代表性。考虑记录间被判定为彼此相似的这一过程不仅与记录对应属性上的值有关，而且与字符串的相似性判定方法有关，甚至与解析方法本身的局限性有关。因此，为从整体上解决这一问题，查找并合并潜在相似记录的实现过程主要从 3 个方面来进行：一是在每趟扫描过程中使用可灵活配置的不同 Key 来克服属性值中存在的噪声数据，提高发现潜在相似记录的可能性；二是利用当前趟中扫描到的相似关系，再结合此前已发现的相似关系，计算记录间的传递关系，从而让遗漏的潜在相似记录聚类到一起；三是采用并查集结构的操作方式来让记录簇进行增量式合并以实现这一传递过程，即一旦两条记录被判定为彼此相似（通过传递关系而来），则通过 Union 操作合并两者所在的记录簇，而 Find 操作用于查找记录所在记录簇的代表记录。

3. 基于代表记录的记录簇调整模型构建

基于代表记录的记录簇调整模型构建时，主要关注如何让聚类结果中的记录簇随数据集上操作所带来的变化而进行快速、有效的自适应调整。为避免在每次新增、删除或更新记录时对整个数据集进行重新聚类，但又期望能以较小的代价获得和重新聚类时基本一致的聚类质量，记录簇自适应调整过程的实现主要从 3 个方面来进行：一是在原来已解析出的代表记录集中找出与操作涉及记录潜在相似的代表记录，与在整个数据集上进行查找所需的时间相比，在代表记录集上进行查找所需的时间可能会少很多，因为代表记录在数量上要比数据集中记录少很多；二是操作引起的记录簇自适应调整过程只在与查找到的代表记录相关的记录簇之间进行，这种调整过程甚至还能修正此前聚类结果中存在的错误；三是在记录调整后更新代表记录的内容，以帮助后续记录簇调整过程的快速、有效实施。

3.2　基于优先队列的代表记录产生模型的关键问题及解决思路

数据集上基于优先队列的实体解析过程可概括如下：先将数据集按生成的某个 Key 进行排序，之后依次扫描并取出数据集中的每条记录（可看成待比较记录）与优先队列中的代表记录进行比较，判定它们是否相似，如果相似就将它们聚类到一起，即划分到与之比较的代表记录所代表的记录簇中；否则，新增一个仅包含该记录的记录簇，同时产生一条与该记录簇关联的代表记录。类似的比较过程一直持续，直到数据集扫描结束。

通过对上述解析过程的分析可知，解析过程中产生的记录簇数量将会逐渐增多，而且每个记录簇内所包含的记录数量也是不确定的（一条或多条记录）。如果产生的代表记录未能真正有助于潜在相似记录的合并或排除，那么以上两种数量会与真实状况中的数量存在较大出入。因此，如何在解析数据集时产生更能代表记录簇的代表记录，以有利于其中潜在相似记录的合并或排除是实体解析中亟待解决的问题。

3.2.1　代表记录产生方法分析

对于一个记录簇而言，为了产生可以代表它的代表记录，现有研究通常采用两种方法：一是选取记录簇内的某条记录作为代表记录；二是选取记录簇内的若干条记录作为代表记录。单条记录在某种意义上通常包含记录簇内所有其他记录的信息，即该记录每个属性上的值相对记录簇内其他记录对应属性上的值而言更完整或更具支配性。但是，单条记录可能并不足以代表整个记录簇的特征或多样性，因为在实际应用中尚不清楚若干个属性值是否表示一致。例如，同一家公司的不同称呼：IBM 与 International Business Machines、Google 与 Google Inc.，或者同一个人名字的不同表示方式：Jack M. Smith 与 J. M. Smith，或是属性值本身存在问题等各种复杂形式，因而也就无法确定单条记录是否能真正代表记录簇。

相对于单条记录来说，将若干条记录整体上看成记录簇的代表记录可能更符合实际，因为至少避免了属性值单一性的问题。但是，该方法具有很强的随机性、不稳定性，因为在选取若干条记录的过程中不但需要遍历整个记录簇，而且从记录簇中选取的记录随选取方法（最短距离法等[76]）和属性值特征的变化而变化，从而对选取结果的准确性造成影响[77]。

此外，一些研究也考虑采用其他方法来产生代表记录：①将记录簇的代表记录指定为被第一次扫描到的记录；②按一定顺序调整记录簇的代表记录，以使调整后的记录簇包含更多的相似记录；③采取一定策略从记录簇中选出一部分记录作为初始代表记录，并保持不变。

3.2.2　基于优先队列的代表记录产生模型的构建

在基于优先队列的实体解析方法中，代表记录是作为优先队列的元素出现的，因而代表记录的内容将会随解析过程而动态变化，即代表记录最初来自数据集中扫描到的一条记录，之后代表记录是否需要更新将依据相似性条件是否满足或其本身是否位于优先队列而定。然而，将代表记录看成一个由记录簇内部分记录组成的子集（可能仅包含一条记录），并通过计算新记录与当前子集内各记录间的平均相似性值是否满足给定阈值而逐渐更新子集的简单方法[26]，会由于计算过程中存在不确定性而导致形成的子集不足以代表与其同时形成的记录簇的特征。

为产生更具代表性的代表记录，使其不仅有助于减少生成的记录簇的数量，而且有助于减少记录比较的次数，并有利于相似记录的合并或排除，最终有助于让整个解析过程精度高、效率快，在模型构建时采用的主要研究思路如下：首先，采用单条记录作为记录簇的代表记录，其属性上的值被预先规范为一个字符串列表，以对应其所代表记录簇中不确定的记录数量，并且规定列表中的字符串按其出现频次从高到低进行排序；然后，代表记录属性上的值随解析过程中发现的相似记录而逐步更新，这样更新后的代表记录又会在后续解析过程中影响相似记录的发现；最后，在解析过程中基于这种方式产生或更新的一系列代表记录将更具代表性。具体思路是，从待比较记录与代表记录间的相似性判定、待比较记录与代表记录间的合并和基于优先队列的代表记录的产生这 3 个方面入手。

1）待比较记录与代表记录间的相似性判定。以往研究中判定两条记录是否相似采用的方法通常是，首先计算两条记录对应属性的相似性值并将其求和得到总的相似性值，然后将该相似性值与给定阈值进行比较。对于代表记录而言，由于其属性上的值已被规范为一个字符串列表，即可能包括若干字符串，同时规范列表中各字符串将按其出现频次从高到低排序，因此在将其与待比较记录进行相似性判定时，可以先从列表中出现频次最高的字符串开始进行相似性计算。基于这种字符串列表计算相似性有如下 4 个优点：①适合代表记录动态更新的情形；②字符串列表的大小不受限制，即代表记录可代表任意多条记录；③统一了相似性计算方式，即列表中可以有任意多个字符串；④可明显减少比较的次数，因为最可能相似的字符串将排在最前面。

2）待比较记录与代表记录间的合并。只有当两条记录被判定为相似后，才可以对它们进行合并。在考虑合并属性值方面，以往研究中通常采用以下 3 种方法：使用最长的名称、学习一个用于发现最具代表性的质心的编辑距离[78]，以及使用少数服从多数规则（majority rule）来修复错误。然而，这些方法并不总是有效的，因为所需计算量大且潜在数据通常会发生改变[79]等。鉴于此，本书通过对对应属性上的值取并集的方式来进行合并，即若字符串列表中存在相同的字符串，则将字符串的出现频次加 1；否则，将字符串直接加入字符串列表中。很显然，这种并集操作与字符串出现的顺序无关。

3）基于优先队列的代表记录的产生。基于优先队列的代表记录产生方法与 R-Swoosh 算法利用“匹配”和“合并”两种操作来形成记录簇的方法类似，但在产生记录簇的同时，也产生了代表记录，且这个代表记录又反过来影响记录簇的形成，这是因为代表记录的产生过程与优先队列本身的特性，如优先队列的大小、元素（代表记录）的优先级等密切相关。简单来说，如果待比较记录和优先队列中的某条代表记录相似，则将待比较记录对应属性上的值合并到代表记录的属性上，此时形成新的代表记录，并将该待比较记录加入其所代表的记录簇中。如果在优先队列中没有发现与待比较记录相似的代表记录，则将该待比较记录直接加入优先队列中以形成新的代表记录，并对应一个只包含该记录的记录簇。这样，代表记录产生的过程将会一直持续，直到没有发现相似的待比较记录。

3.3 基于并查集的相似记录聚类模型的关键问题及解决思路

尽管通过更具代表性的代表记录可让实体解析方法解析出大量潜在相似的记录，但仍然有些记录无法被划分到同一个记录簇中。之所以出现这一现象，主要是因为代表记录的产生不仅与解析方法本身固有的局限性相关（优先队列大小、元素的优先级），而且与从存在细微判别的属性值上产生的 Key 相关（不同的 Key 会让潜在相似的记录在排序的数据集中的位置相距较远）。因此，如何找出这些遗漏的相似记录并将它们划分到同一个记录簇中是实体解析中亟待解决的问题。

3.3.1 相似记录聚类方法分析

为找出数据集中潜在相似的记录并将它们聚类到一起，现有研究通常采用以下方法：标准分块（standard blocking）方法[80]、近邻排序法（sorted neighborhood method，SNM）[6,54]、多趟近邻排序（multi-pass sorted neighborhood，MPSN）方法、基于 *N*-Gram 索引（*N*-Gram based indexing）的方法[81]和 Canopy 聚类方法[65]。这些方法存在着一个共同点：通过某种方式为记录生成相应的 Key。具体来说，一旦定义 Key 的生成方式，那么数据集中每条记录将会产生各自的 Key，这样，具有相同 Key 的记录在排序后就会相邻，继而可能被划分到同一个记录簇中。

相对于其他方法，多趟近邻排序方法在实现时较为灵活、精度较高，计算上也不那么复杂，因为它能基于不同的 Key 来对数据集进行多次排序，并能计算每次排序中邻近记录的相似性，又能综合多次计算的结果来完成潜在相似记录的合并，从而解决部分相似记录遗漏的问题。多趟近邻排序方法仍存在不足之处：①未涉及如何在每趟中灵活生成有利于发现相似记录的 Key；②未涉及如何计算出每趟中的相似关系并结合此前的相似关系来发现相似记录；③未涉及如何有效实现记录簇间的增量式合并过程。

3.3.2 基于并查集的相似记录聚类模型的构建

由于受属性值上存在差异等的影响，因此在数据集上进行一次实体解析并不能完全将潜在相似的记录聚类到一起，结果是潜在相似的记录可能被分散在若干不同的记录簇中。很显然，如果能找出彼此相关的记录簇并将它们合并成一个记录簇，则解决了相似记录漏配的问题。

为解决聚类结果中可能存在的相似记录漏配问题，模型构建时采用的主要研究思路如下：基于自定义配置策略生成的高质量 Key、记录间的相似关系、相似关系具有传递性这一性质，并利用并查集结构的操作方式，在多趟扫描过程中逐步将潜在相似记录尽可能地聚类到一起。具体思路是，从基于重要属性生成高质量 Key、基于多趟扫描结果计算传递闭包和基于并查集合并相似记录这 3 个方面入手。

1）基于重要属性生成高质量 Key。为了生成 Key，以往研究中通常采用的方法是抽取一个或多个属性值，然而这种方式显得比较粗糙，因为若属性选错或属性值本身存在错误，则不能保证潜在相似记录能够在依 Key 排序的数据集中的位置相邻。鉴于此，为能生成高质量的 Key，本书考虑采用以下方式：通过自定义配置策略来选择记录中有足够识别力（discriminating power）的属性、规定截取属性值的方式、规定串接子字符串的方式。通过上述方式生成的 Key 就有可能使潜在相似的记录在数据集中的位置相邻，也就得到了记录间的相似关系。

2）基于多趟扫描结果计算传递闭包。一旦确定了生成高质量 Key 的方式，那么每次实体解析方法使用不同的 Key 来对同一数据集进行解析时将会得到高质量的聚类结果（尽可能地将相似记录聚在一起），且各聚类结果之间除了所使用的数据集相同外没有必然的联系。正是每趟中使用的相同数据集，以及每趟聚类结果中包含的相似关系，为发现漏配的相似记录提供了可能性。为发现第一趟解析结果中可能存在的相似记录漏配，本书将第一趟解析结果当作初始聚类结果以方便分析，这样，只需不断地在初始聚类结果中找出漏配的相似记录即可。在假定相似关系具有传递性的情况下，这一发现潜在相似记录的过程实质上就转变为传递闭包计算过程，即利用后续每趟聚类结果中记录簇内记录的相似关系，再结合到目前为止初始聚类结果中记录簇内记录的相似关系，以合并初始聚类结果中已检测到的记录簇。

3）基于并查集合并相似记录。聚类结果中的记录簇可以看成一个个不相交的记录集，随着漏配相似记录的发现，有些记录集也要逐渐进行合并。很显然，记录集合并的过程是一个增量式过程，因为该过程将随本趟聚类结果中逐渐发现的相似关系，以及其他趟聚类结果中发现的相似关系而增量式地进行。为实现初始聚类结果中记录簇的合并过程，本书采用并查集结构的操作方式来处理记录簇的查询和合并，并通过更新记录 ClusterID 属性上的值来简易实现记录簇合并这一过程。

3.4　基于代表记录的记录簇调整模型的关键问题及解决思路

解析后的数据集可看成一个由诸多记录簇组成的“干净”数据集，每个记录簇关联着一条代表记录。之后，当数据集上不断新增、删除或更新记录时（本质上是数据演化），与数据集相关的诸多记录簇、每个记录簇内部所包含的记录，以及记录簇的代表记录也应做出相应调整，以使操作后的数据集仍维持“干净”状态，即操作后的数据集仍能得到正确解析。因此，如何在数据集不断演化时基于代表记录集，让相关的记录簇进行快速、有效的自适应调整是增量实体解析中亟待解决的问题。

3.4.1　记录簇调整方法分析

为实现面向数据演化的增量实体解析目标，现有研究通常将其涉及的记录簇结构动态调整问题转化为相似图形划分问题或记录簇聚类问题，如相关性聚类技术[30,71]和位置敏感哈希技术[32,82]等。其中，相关性聚类技术旨在在相似图形 G 上找到一个最佳划分结果。例如，最初在数据集上进行解析后得到相似图形 G（可看成聚类结果），之后，数据集因操作带来变化而使相似图形相应地从 G 变成了 $G+\Delta G$（同样可看成聚类结果），但此时的相似图形 $G+\Delta G$ 并不能简单地认为就是此次操作后的增量解析结果。接下来，需要利用相关性聚类技术在这个相似图形 $G+\Delta G$ 上进行分析以找到一个最佳划分，这个划分被认为是增量解析结果。位置敏感哈希技术旨在利用哈希索引来快速地将任何记录映射到一个索引键集合（indexing keys），其中每个索引键对应一个桶，并将语法上相似的记录分配到相同的桶（块、记录簇）中[32]。当新的查询记录到来时，同样以这种方式，仅通过检索分配给新记录本身的存储在相同桶中的记录，就能发现新记录的邻居。由于邻居与新记录高度相似，因此它们的桶成员提供与新记录对应的现实世界实体的有用信息，最后，新记录被分配到由大多数邻居所共享的桶中。位置敏感哈希技术无须完全扫描原始数据集或使用昂贵的相似性度量。

相较于位置敏感哈希技术，基于相关性聚类技术的增量实体解析过程更接近实际应用情形，因为它考虑了在数据集上进行的 3 种可能操作（新增、删除或更新记录），而不仅只有新增操作。然而，基于相关性聚类技术的增量实体解析过程相当于对图形数据进行子图划分，并且这种划分过程纯粹是从图形数据角度来进行考虑的，因此其涉及的计算复杂度会较高且很难找到一种精确的划分方法，这无疑会对增量解析效率产生一定影响。

3.4.2 基于代表记录的记录簇调整模型的构建

在由诸多记录簇组成的聚类结果中，记录簇内的记录彼此相似，而记录簇间的记录彼此不相似。随着在数据集上不断进行操作，这些此前解析出的记录簇也应同时做出相应的合并、分裂等调整（而不是通过动态更新分类这一模型[83]），以让演化后的记录尽可能地划分到与其内部成员相似的记录簇中。很显然，如果能让这个调整过程计算上不那么复杂且准确率有一定的保障，那么也就实现了增量实体解析的核心目标。

为让记录簇自适应调整过程更具针对性、有效性、稳定性和快速性，模型构建时采用的主要研究思路如下：通过基于属性值的过滤方法在代表记录集中找出与操作涉及记录相似的若干代表记录，确定当前聚类结果中哪些是相关的记录簇，只让这些相关的记录簇在相应操作下进行自适应调整，并在必要时更新代表记录的内容。具体思路是，从潜在相似代表记录的确定、相关的记录簇自适应调整，以及记录簇的代表记录更新这 3 个方面入手。

1）潜在相似代表记录的确定。由于记录属性上的值是字符串类型，因此在判定记录是否彼此相似时，需要先判定字符串间的相似性，进而确定对应属性是否相似，在此基础上再确定记录是否彼此相似。为从一系列字符串中过滤出满足相似性条件的字符串，以往研究通常采用“过滤-验证”框架[84]来过滤字符串。尽管该框架性能较好，但是仍存在以下不足之处：一是如果数据集动态更新频繁，则算法处理效率较低；二是需要对所有字符串预先构造索引并进行维护，索引所占空间比较大[85,86]，且维护难度大；三是剪枝技术涉及的相关操作复杂且计算量大[59]。鉴于此，为从代表记录集中选出最有可能与操作涉及记录潜在相似的代表记录，本书提出使用基于属性值的过滤方法（类似 Top-k 查询方法[87]）。该方法的本质就是依据操作涉及记录中的某个属性值在代表记录集中找出对应属性上最相似的前 k 条代表记录。尽管基于一个属性上的相似性值的最相似的代表记录（候选代表记录）的排序，可能并不能反映代表记录与操作涉及记录之间真正的相似性关系，但是其一定程度上反映了这种相似性关系存在的可能性。只要继续对其他属性进行类似的操作即可得到存在的其他相似性关系。只要对这些相似关系进行综合考虑，即可得到与操作涉及记录潜在相似的最终代表记录。

2）相关的记录簇自适应调整。一旦确定了与操作涉及记录潜在相似的代表记录，也就确定了相关的记录簇，继而即可只让这些与相应操作直接相关的记录簇进行自适应调整。以往研究中将每个记录簇看成一个由相连的记录结点组成的相似图形，在这些相似图形上增加或删去相应的结点、边后，再利用相关性聚类技术对其做进一步分析所得到的图形，即认为是增量解析结果。很显然，如何在这个新得到的相似图形上进行划分不仅是一个整数规划问题，而且是一个 NP-Hard

问题，需要采用近似求解方法[47]。鉴于此，本书使用与每次增量操作涉及的增量记录潜在相似的候选代表记录来帮助加速相关记录簇的自适应调整过程。由于这种调整过程只在一定的范围内进行，因此可降低计算上的复杂性，且准确度也有一定的保障，甚至能修正此前聚类结果中存在的错误。

3）记录簇的代表记录更新。记录簇被调整后，相应的代表记录也应及时更新，这不仅有利于后续自适应调整过程的正确实施，而且减少了不必要的比较次数。代表记录的更新主要涉及两个方面：一是更新其目前所代表的记录簇中的记录ID；二是重新计算其属性值的字符串列表中各字符串的出现频次，并依此从高到低排序。

本 章 小 结

针对现有在数据集上进行实体解析、增量实体解析研究工作中的不足，本章确定将如何对数据集中潜在相似记录及其演化进行快速、有效的解析这一课题作为研究的重点，提出基于代表记录的增量实体解析方法，以期满足大数据环境下面向数据演化的增量实体解析需求。在此基础上，本章进一步将基于代表记录的增量实体解析过程分解为 3 个关键问题：①如何在解析数据集时产生更能代表记录簇的代表记录以有利于其中潜在相似记录的合并或排除；②如何找出解析过程中遗漏的潜在相似记录并将它们划分到同一个记录簇，从而让代表记录的代表性进一步增强；③如何在数据集不断演化时基于代表记录集，让相关的记录簇进行快速、有效的自适应调整，并在对这些问题进行详细分析的基础上提出了相应的解决思路。

第 4 章 基于优先队列的代表记录产生模型构建方法研究

数据集上的实体解析过程本质上就是将那些相似记录聚类到一起形成一系列记录簇的过程，每个记录簇与不同的实体相对应。如何在形成一系列记录簇的同时动态地产生一系列更具代表性的代表记录，以使其有助于解析后续待比较记录，将关系到整个解析过程的精度和效率。因此，构建一个能让产生的代表记录更有助于解析出后续扫描到的相似记录的模型，将在整个研究中起着重要的作用。本章将围绕如何在解析数据集时产生更能代表记录簇的代表记录以有利于其中潜在相似记录的合并或排除这一关键问题展开研究，提出基于优先队列的代表记录产生模型。

4.1 代表记录产生模型构建方法的技术路线

在基于优先队列的实体解析方法中，代表记录作为优先队列中的元素出现，并关联着一个解析出来的记录簇。然而，该方法所产生的一系列代表记录往往缺乏一定的代表性，即不能很好地代表相应记录簇的“核”[88]，导致相似记录可能被排除在记录簇外，而不相似的记录却被保留在记录簇内。

鉴于此，本章将提出使用基于优先队列的代表记录产生模型来产生更具代表性的代表记录，以使其有助于解析后续待比较记录，从而尽可能地避免错误肯定或错误否定的情形出现，最终提升解析效率、提高解析精度。这一动态产生过程简单来说就是，更具代表性的代表记录将使实体解析过程变得更加高效，反过来，高效的解析过程又会以更加高效的方式继续产生更具代表性的代表记录。其所涉及的技术路线如图 4.1 所示，其中，“簇 1”表示“记录簇 1”，“代 1”表示“代表记录 1”，其他情形依此类推。

具体来说，本章将对技术路线中的 3 个主要方面进行研究：

1）待比较记录与代表记录间的相似性判定。使用从动态记录簇上构造出的动态的代表记录，而非从其中选出的某些记录作为代表记录。判定过程分为两个步骤：第一步，计算属性值间的相似性；第二步，计算记录间的相似性。第一步涉及将代表记录某个属性上的字符串列表与待比较记录对应属性上的字符串进行相似性计算，如果前者中存在一个字符串与后者相似，即大于某一给定阈值（面向属性），则表示当前对应属性相似；否则，表示当前对应属性不相似。第二步涉及待比较记录与代表记录间被判定为相似的对应属性的个数，如果该数大于某一给定阈值（面向记录），则表示两条记录相似；否则，表示两条记录不相似。

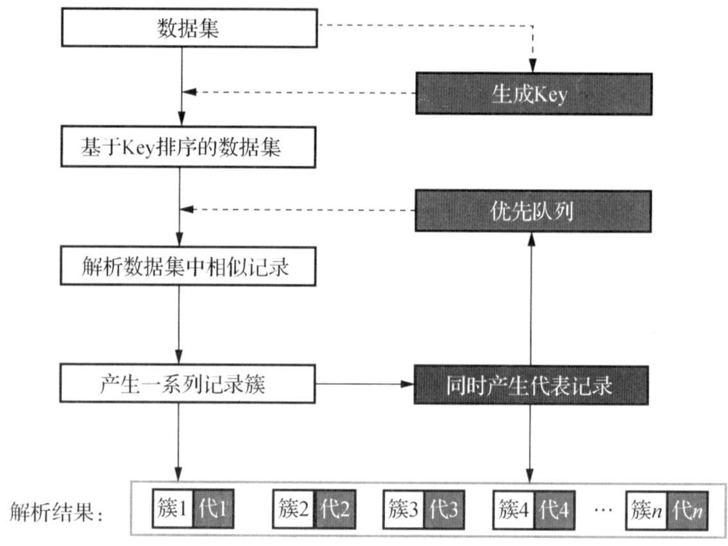

图 4.1　基于优先队列的代表记录所涉及的技术路线

2）待比较记录与代表记录间的合并。将待比较记录合并到代表记录中，从而动态构造出新的代表记录。当两条记录被判定为相似时，就可以对它们对应属性上的值进行求并集操作。简单来说，就是将待比较记录中属性上的值合并到代表记录的对应属性中，其中，字符串加入字符串列表的方法是，先判断字符串列表中是否有相同的字符串，如果有，则将字符串列表中该字符串的出现频次加 1；否则，直接将该字符串加入字符串列表中。这样，合并后的字符串列表中将会一直保持着规范的字符串顺序，即字符串列表中各字符串将按其出现频次从高到低排序。很显然，这种合并过程不受合并次数的影响。

3）基于优先队列的代表记录产生。代表记录产生过程与优先队列的固有特性，如队列的大小和元素的优先级有关。一旦确定了如何在待比较记录与代表记录间进行相似性判定、合并，就可以基于它们在解析过程中动态产生一系列更具代表性的代表记录。具体产生过程可大致描述为以下 3 个步骤：

① 依据从若干属性上抽取的值或部分值来为数据集中每条记录产生一个 Key，之后数据集按照这些 Key 来进行排序。

② 从排序的数据集中依次取出每条记录与优先队列中的元素（代表记录）进行相似性判定，从优先级最高的元素开始，依此类推。如果当前记录与优先队列

中的某个元素相似，则将当前记录加入元素所代表的记录簇中，并将该元素的优先级设为最高，同时更新该元素的内容（通过合并方式）。否则，将当前记录作为元素直接加入优先队列中，并将其优先级设为最高，接着继续选取数据集中的下一条记录。这与优先队列为空时所进行的操作类似。

③ 直到数据集扫描结束，最后得到n（$n>1$）个记录簇，每个记录簇都对应着代表记录。

4.2 相关定义

为了让代表记录产生模型能有效地产生更具代表性的代表记录，在设计模型之前，作者先对一些概念进行适当的定义以方便形式化描述该模型。其中涉及的相关定义包括不确定属性值、记录间的相似性计算和相似记录的合并。

4.2.1 不确定属性值

与数据集中一般记录不同的是，代表记录的属性上的值通过合并数据集中相似记录的对应属性上的值而得到，因此，代表记录的属性上的值是不确定的，因为相似记录的数目是不确定的。直观地看，代表记录属性上的值可能包括多个不同的字符串，且包含相应的出现频次。定义 4.1 对这种不确定属性值情况进行了定义，它不仅包含所有的可能字符串，而且包含相应的出现频次。

定义 4.1（不确定属性值）：一个不确定属性值是一个字符串集合$A=\{v:p\mid v$是某个可能的字符串，p是该可能字符串对应的出现频次$\}$。

从表 1.1 中可以看到，除键属性 ID、用来表示记录簇的 recIDs 属性外，每条代表记录还有 4 个属性：first、last、DOB 和 scode。其中，每个属性值都是一个字符串集合，集合中的所有字符串似乎都有着相同的语义，即每个字符串都能代表属性所表示的对象。例如，在 ID 为r_2的代表记录中，字符串"Eddie"和"Edgar"都能代表 first 属性所表示的人名，且其出现频次都为 1。

4.2.2 记录间的相似性计算

代表记录的产生是通过合并相似记录这一基本操作来实现的，而这涉及另一种基本操作：判定两条记录是否彼此相似。通常情况下，判定两条记录是否相似的操作步骤是，第一步，计算两条记录对应属性值间的相似性值是否大于给定阈值，如大于则表示两个对应属性上的值彼此相似，否则不相似；第二步，汇总被判定为相似的对应属性上计算出的相似性值，以得到两条记录间的相似性值，并判定它是否大于另一给定阈值，如大于则表示两条记录彼此相似，否则不相似。

本章论及的待比较记录与代表记录间的相似性判定方法却与上述内容不同，主要体现在以下两个方面：一是二者对应属性上的值的结构可能不同，如代表记录中对应属性上的值可能包含多个字符串及其出现频次；二是判定二者是否相似时只需简单算出被判定为相似的属性个数是否大于给定的数量即可，不需要一个计算上较复杂的阈值。

定义4.2定义如何计算待比较记录与代表记录对应属性上值的Jaccard相似性值，其中，代表记录的属性上的值可能包含多个字符串及其出现频次。定义 4.3 定义如何计算待比较记录与代表记录间的相似性。

定义 4.2（属性值间的相似性）：给定待比较记录 α 中某个属性上的值 $V_{\alpha.j}=\{(\sigma_1,1)\}$，代表记录 β 中对应属性上的值 $V_{\beta.j}=\{(\rho_1,q_1),(\rho_2,q_2),\cdots,(\rho_m,q_m)\}$。$V_{\alpha.j}$ 和 $V_{\beta.j}$ 间的相似性值为

$$s(V_{\alpha.j},V_{\beta.j})=\max_{\sigma_1\in V_{\alpha.j},\ \rho_i\in V_{\beta.j}}\mathrm{sim}(\sigma_1,\rho_i)$$

即取所有字符串对的相似性值中最大的值作为属性值间的相似性值。其中，$q_1>q_2>\cdots>q_m$，以确保先让出现频次最高的 q_1 所对应的字符串参与比较；j 表示记录中对应的第 j 个属性，$1\leqslant j\leqslant k$；σ_1 是待比较记录 α 的属性值中的字符串；ρ_i 是代表记录的属性值中的某个字符串；q_i 是某字符串对应的出现频次；m 表示属性值中包含的字符串个数。

$$\mathrm{sim}(\sigma_1,\rho_i)=J(\sigma_1,\rho_i)=\frac{\left|B_{\sigma_1}\cap B_{\rho_i}\right|}{\left|B_{\sigma_1}\cup B_{\rho_i}\right|}$$

其中，B_{σ_1} 表示字符串 σ_1 的 *N*-Gram 集合；B_{ρ_i} 表示字符串 ρ_i 的 *N*-Gram 集合；$J(\sigma_1,\rho_i)$ 表示计算字符串 σ_1 和 ρ_i 间的Jaccard相似性值。

定义 4.3（待比较记录与代表记录间的相似性）：给定待比较记录 α 和代表记录 β，如果 α 和 β 的对应属性中至少有 k 对属性的Jaccard相似性值大于给定阈值 τ，则认为 α 和 β 彼此相似。其中，k 为用户指定的属性对数。

以表 1.1 所示的代表记录的属性模式为例，如果 α 和 r_1 之间满足下面其中一个条件，则认为 α 和 r_1 是彼此相似的，否则认为是不相似的。

1）(α.first ≈ r_1.first) and (α.last ≈ r_1.last) and (α.DOB ≈ r_1.DOB)（3 个对应属性分别是 first、last 和 DOB）。

2）(α.last ≈ r_1.last) and (α.DOB ≈ r_1.DOB) and (α.scode ≈ r_1.scode)（3 个对应属性分别是 last、DOB 和 scode）。

其中，α.first ≈ r_1.first 表示待比较记录 α 的 first 属性上的值与代表记录 r_1 的 first 属性上的值相似。

也就是说，如果二者在 4 个属性中有任意 3 个对应属性是 Jaccard 相似的（相等是特例，即它们的 Jaccard 相似性值是 1），则二者是相似的。

4.2.3　相似记录的合并

当两条记录被判定为相似后，即可对它们进行合并以产生一条新的记录，从某种程度上来说，它可代表合并前的两条记录。定义 4.4 定义如何将两条相似记录合并以产生一条新记录。

定义 4.4（待比较记录与代表记录间的合并）：给定待比较记录 α 和代表记录 β，如果它们被判定为相似，那么就将它们对应属性上的值进行并集操作。以某一个属性为例，具体合并过程：如果发现 β 的某个属性值（实际上是字符串集合或列表）中包含 α 的对应属性上的值，则表示当前字符串列表中包含该字符串，这样，只需将当前字符串列表中该字符串的出现频次加 1 即可。否则，直接将该字符串加入当前字符串列表即可。其他属性上值的合并过程与此类似。

以表 1.1 所示的代表记录的属性模式为例，待比较记录 α 和代表记录 β 间的合并过程可通过以下 4 个式子来计算。

$$\mu(\alpha,\beta).\text{first} = \{\alpha.\text{first}, \beta.\text{first}\}$$

$$\mu(\alpha,\beta).\text{last} = \{\alpha.\text{last}, \beta.\text{last}\}$$

$$\mu(\alpha,\beta).\text{DOB} = \{\alpha.\text{DOB}, \beta.\text{DOB}\}$$

$$\mu(\alpha,\beta).\text{scode} = \{\alpha.\text{scode}, \beta.\text{scode}\}$$

其中，$\mu(\alpha,\beta)$ 表示合并的记录；$\mu(\alpha,\beta).\text{first}$ 表示合并记录 $\mu(\alpha,\beta)$ 的 first 属性；$\mu(\alpha,\beta).\text{first} = \{\alpha.\text{first}, \beta.\text{first}\}$ 表示将待比较记录 α 的 first 属性上的值与代表记录 β 的 first 属性上的值合并后作为合并记录 $\mu(\alpha,\beta)$ 的 first 属性上的值。

很显然，通过这种方式得到的合并记录 $\mu(\alpha,\beta)$ 又可作为后续合并操作中的代表记录 β 使用。假如在实体解析过程中实施这一合并操作，那么将会使代表记录的内容随之发生变化，并且不受合并操作次数的限制。

4.3　代表记录产生模型的设计

为了让产生的代表记录更具代表性，针对现有方法中存在的不足，本节设计代表记录产生模型时基于以下两个思路：一是代表记录的产生过程本质上是通过匹配、合并两个基本操作而逐步实现的，其中，匹配操作用来判定两条记录是否相似，即是否对应于同一个实体；合并操作用来合并两条匹配的记录，即形成一条可用来代表它们的代表记录。二是在基于优先队列的实体解析过程中，代表记录是作为优先队列中的一个元素出现的，因而只有位于优先队列中的代表记录才有可能被更新。

基于上述思路，本节在设计代表记录产生模型时主要考虑以下 3 个功能模块：

待比较记录与代表记录间的相似性判定模块（如何计算两条记录间的相似性）、待比较记录与代表记录间的合并模块（如何合并相似记录以产生一条代表记录）和基于优先队列的代表记录产生模块（如何在实体解析过程中动态产生一系列代表记录）。代表记录产生模型各模块的功能及内在联系如图 4.2 所示。

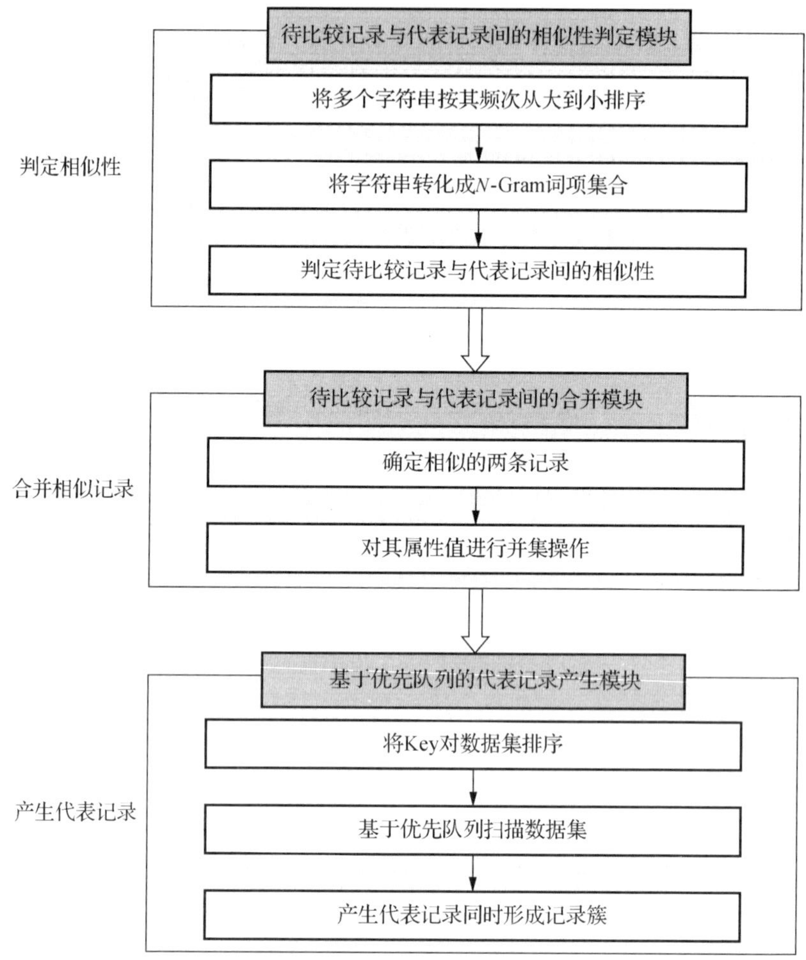

图 4.2　代表记录产生模型各模块的功能及内在联系

4.3.1　待比较记录与代表记录间的相似性判定模块的设计

通常情况下，计算记录间的相似性是以计算其属性间的相似性为基础的。而对于代表记录而言，由于其每个属性上的值可能包含多个字符串及其出现频次，因此不能采用常规方法来计算属性间的相似性，并进一步得到记录间的相似性，除非代表记录所代表的记录簇中只有一条记录（此时的代表记录就是该记录本身）。为让属性间的相似性计算方式具有通用性，即让字符串列表中字符串的个数不影响属性间的相似性计算过程，下面主要从 3 个方面来设计记录间的相似性判定过程：将字符串列表中的字符串按其出现频次从高到低排序、将字符串转化成 *N*-Gram 词项集合，以及判定待比较记录与代表记录间的相似性。

1. 将字符串列表中的字符串按其出现频次从高到低排序

就代表记录的每个属性而言，其字符串列表中出现频次较高的字符串最有可能代表该属性所表示的意思，因此将字符串列表中的字符串按其出现频次从高到低进行排序。这样，对将要与字符串列表进行比较的字符串来说，它就可最先与出现频次最高的字符串进行比较，如发现二者相似，则立即停止与列表中其他字符串的比较，这无疑会加快整个比较过程。简单来说，这个迭代比较过程将会持续进行，直到发现有相似的字符串，或直到列表中所有字符串被全部比较完后没有发现相似的字符串。

2. 将字符串转化成 *N*-Gram 词项集合

考虑属性值中可能存在噪声数据等数据质量问题[89-91]，因此在计算字符串之间的 Jaccard 相似性值时，首先将字符串转化成 *N*-Gram 词项集合[92]，然后基于词项集合对字符串间的 Jaccard 相似性值来进行计算。值得说明的是，Jaccard 相似性度量更适合用于相似字符串之间的相似性判定。

假定给定的待比较记录 α 和代表记录 β 如图 4.3 所示。其中，待比较记录的 first 属性上的值为"Eddiee"（一个字符串），代表记录 β 的对应 first 属性上的值为"Eddie"和"Edgar"（两个字符串，出现频次分别为 2 和 1，各字符串按其出现频次进行排列）。很显然，这些字符串转化成 3-Gram 词项集合后的表示形式分别为{##E,#Ed,Edd,ddi,die,iee,ee#,e##}、{##E,#Ed,Edd,ddi,die,ie#,e##}和{##E,#Ed,Edg,dga,gar,ar#,r##}，这里将 *N* 设定为 3。

3. 判定待比较记录与代表记录间的相似性

一旦确定了如何让字符串列表中的字符串进行排序，以及如何基于 *N*-Gram 词项集合计算字符串间相似性，接下来就可以基于它们来判定待比较记录与代表记录间的相似性，具体涉及两个步骤：计算属性对间的 Jaccard 相似性值、计算相似的属性对个数。

1）为计算属性对间的 Jaccard 相似性值，依据定义 4.2 中字符串间的相似性计算公式来进行。以图 4.3 中的 α 和 β 为例，计算其对应属性 first 上字符串"Eddiee"与"Eddie"间的 Jaccard 相似性值的过程如式（4.1）所示。

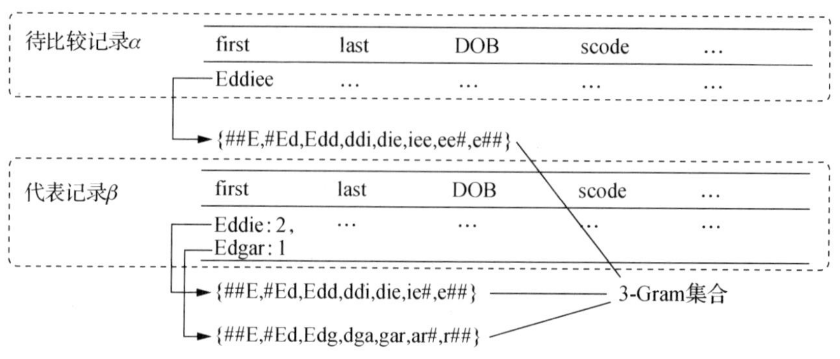

图 4.3　将字符串转化成 3-Gram 集合

$$\mathrm{sim}(\alpha.\mathrm{first}, \beta.\mathrm{first}) = J(\text{"Eddiee"}, \text{"Eddie"}) = \frac{6}{9} \approx 0.66 \tag{4.1}$$

假如式（4.1）中算出的 Jaccard 相似性值（0.66）大于给定的阈值（0.6），那么就认为这个对应属性彼此相似，因而也就没有必要再去计算字符串"Eddiee"与"Edgar"间的 Jaccard 相似性值。同理，采用同样的计算方式可以判定其他对应属性是否彼此相似。

2）为计算相似的属性对个数，依据定义 4.3 来判定最终计算出的相似的属性对个数是否大于某个阈值（如 3），如果大于 3，则表示 α 和 β 之间彼此相似，否则不相似。

4.3.2　待比较记录与代表记录间的合并模块的设计

在待比较记录与代表记录被判定为彼此相似后，即可对它们进行合并以形成一个新的代表记录，如图 4.4 所示，这里假定 r_1 为代表记录，r_2 为待比较记录，合并后形成的新的代表记录是 r_{12}。考虑记录间的合并其实就是将二者对应属性上的值进行并集操作，下面将整个合并过程分为两个关键步骤：

1）判断待比较记录 α 属性上的字符串是否与代表记录 β 对应属性上字符串列表中的某个字符串相等（而不是相似）。

2）如果在字符串列表中发现存在相等的字符串，则将字符串列表中相应字符串的出现频次加 1，否则，在字符串列表中新增该字符串，并将其出现频次设为 1。

值得说明的是，这种合并过程本身不受合并次数的限制，也不依赖合并的顺序。具体合并过程通过定义 4.4 计算得出。

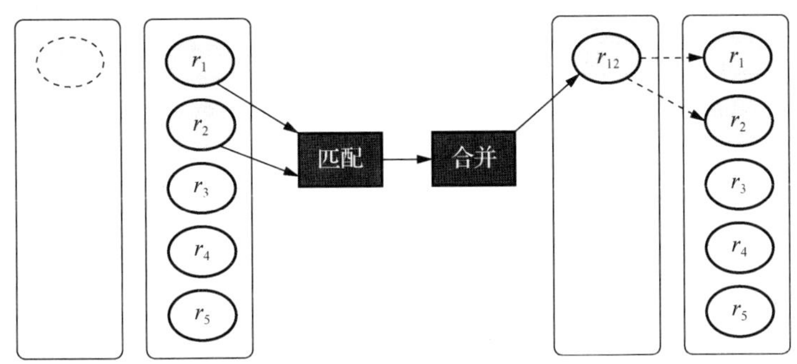

图 4.4　待比较记录与代表记录间的合并操作

4.3.3　基于优先队列的代表记录产生模块的设计

为在基于优先队列的实体解析过程中产生更具代表性的代表记录，不仅需要考虑潜在相似记录在数据集中的相邻位置，而且需要考虑优先队列固有的两个关键特性：元素的优先级（最近被访问的元素具有最高优先级，因而排在队列的最前面）和优先队列的大小（通常设定为 4，即最多只能包含 4 个元素[24]）。为此，下面主要从两个方面来设计基于优先队列的代表记录产生过程：按 Key 排序数据集和基于优先队列产生代表记录。鉴于篇幅及重要性，Key 的生成过程将在第 5 章讨论。

1. 按 Key 排序数据集

让数据集中记录按 Key 排序的目的是从整体上加快实体解析速度。数据集中记录按 Key 进行排序后，具有相同 Key 的记录会相邻地排在一起构成“记录块”，这时数据集就可以看成由诸多“记录块”组成的集合（图 4.5 中虚线框包围的记录），且每个“记录块”内包含的记录数量是不确定的。

例如，Key 为“900mor”和“200mor”的“记录块”分别包含一条记录，而 Key 为“900sha”的“记录块”却包含 3 条记录。如果基于记录若干属性生成的 Key 相同，则表示这些记录很可能相似，但为了确定它们是否真的相似，还需要进行详细的比较。

2. 基于优先队列产生代表记录

进一步判定“记录块”内包含的记录是否相似的过程其实就是实体解析过程。为让整个实体解析过程快速高效，就需要一系列更具代表性的代表记录来辅助解析过程。很显然，在基于优先队列的实体解析方法中，代表记录的产生过程不仅与优先队列的特性密切相关，而且与代表记录本身的构成方式紧密相关，因为解析过程中逐渐更新的代表记录会反过来影响后续扫描到的记录，尤其是在“记录块”内包含较多记录的情况下。基于优先队列的代表记录产生过程本质上是在通过基于优先队列的实体解析方法产生一系列记录簇的同时，产生一系列更具代表性的代表记录。这一产生过程概括如下：

假定当前考察的记录为 R_j，若优先队列为空，则将该记录作为元素直接加入优先队列中，并将该元素的优先级设为最高，此时优先队列中的唯一元素就是一条代表记录，继续考察数据集中的下一条记录（R_{j+1}）。否则，R_j 按优先级的高低逐个与优先队列中的元素进行相似性判定，若判定为相似，则将该记录合并到当前元素（代表记录）中，同时将该记录加入代表记录所代表的记录簇中；若判定为不相似，则表明 R_j 与优先队列中的所有元素都不相似，这时将 R_j 作为元素且优先级设为最高加入优先队列中。若优先队列中元素的数量大于 4，则采用类似最久未使用策略（least recently used，LRU）的方法淘汰优先级最低的元素，继续考察数据集中的下一条记录，直至结束[24,52]。

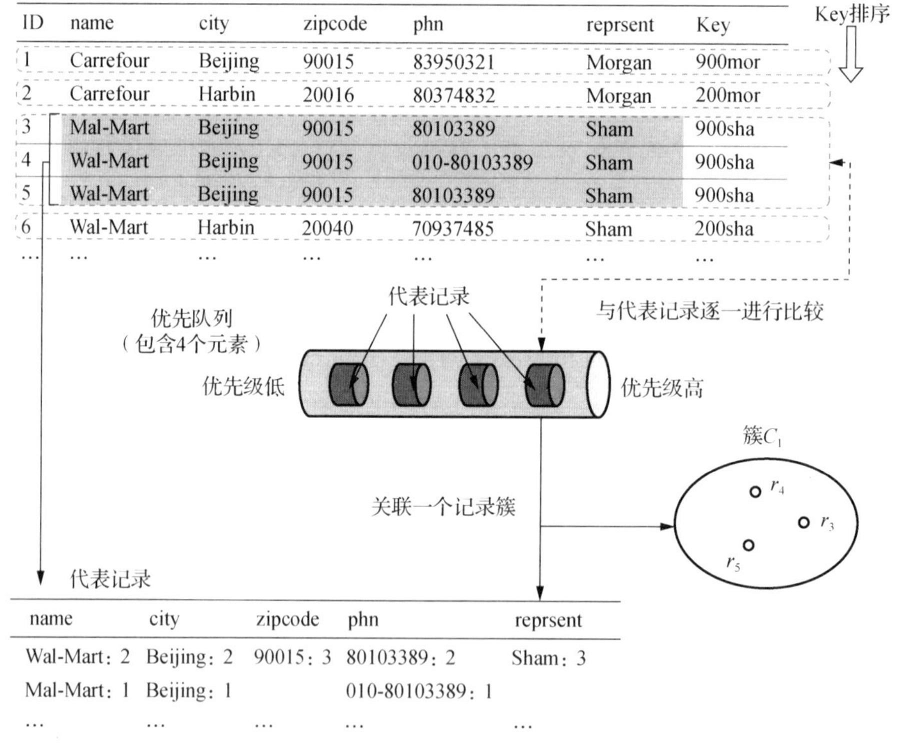

ID	name	city	zipcode	phn	reprsent	Key
1	Carrefour	Beijing	90015	83950321	Morgan	900mor
2	Carrefour	Harbin	20016	80374832	Morgan	200mor
3	Mal-Mart	Beijing	90015	80103389	Sham	900sha
4	Wal-Mart	Beijing	90015	010-80103389	Sham	900sha
5	Wal-Mart	Beijing	90015	80103389	Sham	900sha
6	Wal-Mart	Harbin	20040	70937485	Sham	200sha
…	…	…	…	…	…	…

name	city	zipcode	phn	reprsent
Wal-Mart：2	Beijing：2	90015：3	80103389：2	Sham：3
Mal-Mart：1	Beijing：1		010-80103389：1	
…	…	…	…	…

图 4.5　基于优先队列的代表记录产生

图 4.5 中显示了一条基于优先队列产生的更具代表性的代表记录，这里省去了其他属性。它对应第三个“记录块”，但对应队列中的第一个元素（按优先级

从高到低），因为最近访问的元素具有最高优先级。而另外两个位于其后的元素分别对应前两个“记录块”。很显然，由于这两个“记录块”均只包含一条记录，因此产生的代表记录分别是该记录本身，同时它们各自关联着仅包含记录本身的记录簇。而包含多条记录的“记录块”却有着与只包含一条记录的“记录块”不同的产生过程：产生的代表记录随着在“记录块”内扫描到更多相似记录而逐渐被更新（通过合并方式），同时与其相关的记录簇也逐渐被更新（相似记录逐渐加入）。

4.4　代表记录产生模型的实现

4.4.1　待比较记录与代表记录间的相似性判定模块的实现

1. 将字符串列表中的字符串进行排序

为让字符串列表按其出现频次从高到低进行排序，本章采用一种自动排序策略。该策略把字符串、出现频次及与它们有关的操作封装在一个自定义类中（如类 Entry），并将基于该类生成的对象称为字符串对象。当用类 ArrayList 的实例来保存字符串对象时，ArrayList 实例不仅能通过字符串对象来修改该字符串的出现频次，而且能利用 ArrayList 实例中的 sort()方法来对保存的字符串对象列表进行排序，从而实现将字符串列表按出现频次从高到低排序的目标，如图 4.6 所示。

字符串	频次
Anderson	2
Brown	3
Davis	3
Harris	1
…	…

（a）排序前

按频次排序

字符串	频次
Brown	3
Davis	3
Anderson	2
Harris	1
…	…

（b）排序后

图 4.6　字符串列表排序

在具体实现过程中，只要将自定义的 Entry 类实现 Comparable 接口，并在 Entry 类中重写 compareTo()方法即可。其中重写 compareTo()方法的 Java 代码如下：

```
public int compareTo(Entry e){
    if(this.frequency > e.frequency){
        return -1;
    }else if(this.frequency < e.frequency){
        Return 1;
```

```
        }else{
            return 0;
        }
    }
```

其中，每个 Entry 类型对象 e 由字符串（text）和出现频次（frequency）两部分组成。Java 代码的实现部分主要考虑 frequency（出现频次）这一因素，将两个 Entry 类型对象的 frequency 进行简单的算术比较即可，最后返回一个 int 类型的数据，此 int 类型的数据只能是以下 3 种：1 表示大于，-1 表示小于，0 表示相等。这样，在实际应用中主程序只要调用 ArrayList 实例中的 sort()方法就可直接将字符串列表中的字符串按其频次从高到低进行排序。

2. 计算待比较记录和代表记录间对应属性上值的相似性值

考虑字符串本身存在的数据质量问题，以及代表记录属性上的值是一个字符串列表两种情形，下面在计算对应属性上值的相似性值时采用两种方法：利用成熟的第三方工具来实现将字符串生成 3-Gram 集合[93]及规范字符串列表的查询方法。前者能将字符串生成多种形式的词项集合，如 2-Gram 和 4-Gram 等，进而让在计算相似性值时取得更合理的平均相似性值成为可能，并在一定程度上增强结果的可信度。后者使有较大出现频次的字符串优先参与相似性计算，在一定程度上提升了整个计算过程的效率。

算法实现主要考虑 3 个关键问题：第一，如何设定相似性阈值 sim（一个实数值）。通过将为 sim 设定不同数值时所得到的不同组字符串对的情形，与数据集中实际字符串对的情形进行比较发现，将 sim 设定为 0.6 更合适。很显然，在不同的应用环境中会使用不同的阈值，如采用专家给出的建议数值。第二，如何在迭代遍历字符串列表的过程中进行有效中断以加快判定过程。以字符串列表中的字符串已经按其出现频次从高到低进行排列为基础，当从第一个字符串 strList[0]开始遍历时，如此时发现它和字符串 str 的 Jaccard 相似性值大于给定阈值，那么将终止后续字符串的遍历，并直接退出循环，返回匹配结果“matched”。否则，继续遍历，直到发现不存在 Jaccard 相似性值大于给定阈值的情形为止。第三，如何精确计算出字符串间的相似性值。Jaccard 函数首先将两个字符串转化成了相应的 *N*-Gram 词项集合，然后基于词项集合来计算二者的 Jaccard 相似性值。

具体伪代码算法（AttrMatch 算法）的实现如下：

```
输入：字符串 str、排序的字符串列表 strList[]
输出：字符串与字符串列表的相似情形（true、false）
sim = 0.6d;
```

```
matched = false;
for(i = 0; i < strList.length; i++ ) {
    if(Jaccard(str, strList[i]) > sim){
    //计算字符串与字符串列表的 Jaccard 相似性值
        matched = true;
        break;
    }
}
return matched;
```

3. 待比较记录和代表记录间的相似性判定

为了判定待比较记录和代表记录之间的相似性是否成立，下面采用的方法是，计算二者之间相似的对应属性的个数是否大于或等于给定的阈值。其核心思路是调用 AttrMatch 算法来判定二者对应属性上的值是否相似。

算法实现主要考虑一个关键问题：如何汇总相似的对应属性的个数。以迭代代表记录的一系列参与相似性计算的属性为基础，通过调用 AttrMatch 算法来计算与待比较记录对应属性的相似性是否成立，并汇总判定为相似的属性对的个数，最后比较汇总的个数是否大于给定的值 *m*，如果大于，则表示当前待比较记录和代表记录间彼此相似；否则，不相似。也就是说，对任何待比较记录而言，只要它与代表记录之间存在至少 *m* 个对应属性相似，那么就认为二者彼此相似，而不管是其中的哪些对应属性相似。

具体伪代码算法（RecordMatch 算法）的实现如下：

```
输入：待比较记录 r_mat、代表记录 r_rep、相似的对应属性的最少个数 m
输出：r_mat 和 r_rep 的相似情形（true、false）
matched = false;
matchedAttrCount = 0;
for(i = 0; i < r_rep.AttrCount; i++){
//迭代代表记录的参与相似性计算的属性
    if(r_mat.Attr [i] ==NULL OR r_rep.Attr [i] ==NULL) {
        continue;
    } else if (AttrMatch(r_mat.Attr [i], r_rep.Attr [i])) {
    //判定对应属性是否相似
        matchedAttrCount++;             //汇总相似的对应属性的个数
    }
}
if(matchedAttrCount >= m){              //大于给定的阈值 m
```

```
        matched = true;
    }
    return matched;
```

4.4.2 待比较记录与代表记录间的合并模块的实现

为了将待比较记录合并到代表记录上，下面采用的方法是，将二者对应属性上的值进行并集操作，并将操作后的值赋给代表记录的属性。其核心思路是修改字符串列表中某个字符串的出现频次或向其中加入新的字符串并设定其出现频次为 1。

算法实现主要考虑两个关键问题：第一，如何取出代表记录属性中的字符串列表。通过迭代代表记录的参与相似性计算的属性来取出其中每个字符串列表。第二，如何将来自待比较记录属性的待加入字符串合并到字符串列表。在进行合并前，先在当前字符串列表中查找是否存在与待加入字符串相等（而非相似）的字符串，如存在，则字符串的相应出现频次加 1 即可，这样，那些相等的字符串在字符串列表中只出现一次，这意味着只需对其保存一次。否则，将待比较字符串直接加入字符串列表中，并将其出现频次设定为 1。由于这种合并操作计算上较简单且合并过程与顺序无关，因此对后续合并操作的实现不会产生任何影响。

具体伪代码算法（MergedRecord 算法）的实现如下：

```
输入：待比较记录 r_mat，代表记录 r_rep
输出：合并后的代表记录 r_rep
for(i = 0; i < r_mat.AttrCount; i++ ) {           //迭代待比较记录属性
    matched = false;
    for(j = 0; j <r_rep[i].listLength; j++ ){  //迭代字符串列表
        if(r_mat.Attr[i].text == r_rep.Attr [i][j].text) {
        //在字符串列表中找到相等的字符串
            r_rep.Attr[i][j].frequency++;          //出现频次加 1
            matched = true;
            break;
        }
    }
    if(!matched) {
    //在字符串列表中没有找到相等的字符串，将字符串加入字符串列表
        m = r_rep[i].listLength;
        r_rep.Attr[i][m+1].text = r_mat.Attr[i].text; //设定相应的字符串文本
        r_rep.Attr[i][m+1].frequency = 1;          //设定相应的出现频次
```

```
    }
}
return r_rep;
```

4.4.3 基于优先队列的代表记录产生模块的实现

为了产生更具代表性的代表记录，下面采用的方法是，通过基于优先队列的实体解析方法来一边产生一系列记录簇，一边产生一系列代表记录。其核心思路是将代表记录作为优先队列的元素，其产生和更新的过程与在解析过程中扫描到的相似记录，以及优先队列本身的特性紧密结合。

算法实现主要考虑 4 个关键问题：第一，如何确定优先队列的大小。通常情况下，将优先队列的大小设定为 4（优先队列中最多只存放 4 条代表记录）时不会出现冗余的比较过程。第二，如何产生最初的代表记录。在从数据集中扫描到一条记录后，将其首先与优先队列中所有代表记录进行比较，看是否存在与之相似的代表记录，如果不存在，则将当前记录转变成代表记录并设定其优先级为最高，这时代表记录被存放在优先队列的最前面以便能参与下次比较过程，最后将转换前的记录 ID 加入代表记录的 recIDs 属性中，以作为其所代表的记录簇中的一员。第三，如何更新已有的代表记录。继续上一过程，如果存在，则调用 RecordMatch 算法和 MergedRecord 算法来将当前记录合并到该代表记录中以产生更具代表性的代表记录，同时将合并后的代表记录的优先级设定为最高，以便能参与下次比较过程，最后将当前记录的 ID 加入代表记录的 recIDs 属性中，以作为其所代表的记录簇中的一员。第四，如何将优先队列中最久未访问的代表记录从优先队列中移出。当向优先队列中新增代表记录时，首先判定其中元素的个数是否等于 4 个，若等于，则将其中优先级最小的代表记录（表示最久未访问）移出队列，然后按第二个关键问题所涉及的方式新增代表记录。这意味着移出队列的代表记录及其关联的记录簇将不再被更新，即它们就是最终聚类结果中的记录簇及其关联的代表记录之一。

具体伪代码算法（GenerateRepresentativeRecordSet 算法）的实现如下：

```
输入：静态数据集 S
输出：代表记录集 RepRecSet
RepRecSet[] = null;
Queue(4);                     //初始化队列
for(i = 0; i < S.length; i++ ) {
   r_mat = S[i];
   if(i == 0) {               //将数据集中扫描到的第一条记录加入优先队列
       r_rep=r_mat ;
```

```
            Queue.push(r_rep);                  //加入优先队列
            RepRecSet.add(r_rep);               //加入代表记录集
        } else{
            for(j = 0; j < 4; j++ ) {
            //逐个与优先队列中的代表记录进行比较
                if(RecordMatch(Queue[j], r_mat)){
                    r_rep= MergedRecord(Queue[j], r_mat);
                    //合并到代表记录中
                    Queue[j] = r_rep;           //更新优先队列中的代表记录
                    RepRecSet.update(r_rep); //更新代表记录集中的代表记录
                    break;
                }
            }
            if(j<4){  //没有发现相似的元素，并且队列中元素的个数未达到 4 个
                r_rep = r_mat;
                Queue.push(r_rep);
                RepRecSet.add(r_rep);
            }
            if(j==4){ //没有发现相似的元素，并且队列中元素的个数达到 4 个
                r_rep = r_mat;
                Queue.push(r_rep);
                RepRecSet.add(r_rep);
                Queue.removeLast();             //删除队列中优先级最低的元素
            }
        }
    }
    return  RepRecSet
```

4.5　代表记录产生模型的评测

4.5.1　实验目的

本实验主要对基于优先队列的代表记录产生方法的有效性进行验证。通过将本章提出的方法与基于 R-Swoosh 算法的代表记录产生方法的结果进行对比分析，证明本章提出的方法在产生更具代表性的代表记录时的有效性。

4.5.2　实验数据

1. 数据集及其属性模式信息

本节采用实体解析领域常用的 Cora 数据集作为测试用数据集[94]。Cora 数据集是唯一一个可免费获取的有关现实世界实体的“脏”数据集，其中的真实状况是可知的，即哪些记录彼此位于同一个簇（组），因此，它能满足评估本章所提出算法的测试要求[95]。具体而言，Cora 数据集一共包含 1295 条记录，对应 194 条不同的文献引用记录，所有记录被划分为 112 个组，以确保每个组不包括重复的记录。记录的属性模式信息为 authors（作者）、title（题名）、venue（来源）、address（地址）、year（年份）和 pages（页码）等。图 4.7 中显示了 Cora 数据集中的部分数据，通过 phpMyAdmin 应用程序[96]调用保存在后台数据表中的记录来生成相应的表格。

id	index	subsetID	authors	title	venue	address	publisher	year	pages
1	auer1995a	1	p. auer, n. cesa-bianchi, y. freund, and r. e. sch...	gambling in a rigged casino: the adversarial multi...	in proc. 36th annual symposium on foundations of c...	los alamitos, ca:	ieee computer society press,	1995,	pp. 322-331.
2	blum1993	2	a. blum, m. furst, m. j. kearns, and richard j. li...	cryptographic primitives based on hard learning pr...	in pre-proceedings of crypto '93,			1993	pages 24.1-24.10,
3	blum1993	3	avrim blum, merrick furst, michael kearns, and ric...	cryptographic primitives based on hard learning pr...	in pre-proceedings of crypto '93,			1993	pages 24.1-24.10,
4	blum1993	4	avrim blum, merrick furst, michael kearns, and ric...	cryptographic primitives based on hard learning pr...	proc. crypto 93,		springer,	1994	pages 278-291.
5	blum1993	5	a. blum, m. furst, m. kearns, r. lipton.	cryptographic primitives based on hard learning pr...	crypto,			1993	
6	blum1994	6	blum, a., furst, m., jackson, j., kearns, m., mans...	weakly learning dnf and characterizing statistical...	proceedings of the 26th annual acm symposium on th...			(1994).	pp. 253-262.
7	blum1994	7	blum, a., furst, m., jackson, j., kearns, m., mans...	weakly learning dnf and characterizing statistical...	in proceedings of the twenty-sixth annual acm symp...	montreal, canada.	acm press.	(1994).	(pp. 253 262),
8	blum1994	8	blum a., furst m., jackson j., kearns m., mansour ...	weakly learning dnf 10 and characterizing statisti...	in proc. 26th annu. acm sympos. theory comput.	new york, ny,	acm press,	1994	
9	blum1994	9	a. blum, m. furst, j. jackson m. kearns, y. manso...	weakly learning dnf and characterizing statistical...	in proceedings of the 26th acm symposium on the th...	new york, ny,	acm press,	1994	
10	blum1994	10	avrim blum, merrick furst, jeffrey jackson, michae...	weakly learning dnf and characterizing statistical...	in t he 26 th annual acm symposium on t heory of c...			1994	pages 253 - 262,
11	blum1994	11	avrim blum, merrick furst, jeffery jackson, michae...	weakly 8 learning dnf and characterizing statistic...	in proceedings of the 26 th annual acm symposium o...			1994	
12	blum1994	12	avrim blum, merrick furst,	weakly learning dnf and	in proceedings of the 26 th			1994	

图 4.7　Cora 数据集（部分）

尽管数据集已经进行了人工分组，但有些记录属性上的值极为不规范。例如，与同一组内的其他对应属性上的值相比，它们表面上看起来相似的可能性不大，或有些记录属性上根本就没有值。

2. 数据集中的记录分组（聚类）信息

Cora 数据集中一共有 112 个组，用 index 属性值来进行标识，表 4.1 显示了前 20 个组及其各组内包含的记录 ID。从表 4.1 中可以看到，每个组内包含的记录数量极为不均匀（如 index 为 auer1995a 的组仅包含一条记录），有些组仅包含几条记录，而有些组则包含几十条记录。

表 4.1　Cora 数据集中的分组信息

index（标识记录组）	记录数量	包含的记录 ID
auer1995a	1	1
bauer1992	1	1265
blum1993	4	2，3，4，5
blum1994	10	6，7，8.9，10，11，12，13，14，15
cesa	64	16，17，18.19，20，21，22，23，24，25，…，79
cohen1998	4	80，81，82，83
dietterich1996	10	84，85，86，87，88，89，90，91，92，93
drucker1992	35	94，95，96，97，98，99，100，101，102，…，128
druker1992	1	129
ehrenfeucht1988	8	130，131，132，133，134，135，136，137
ehrenfeucht1989	38	138，139，140，141，142，143，144，…，175
feder1995	4	176，177，178，179
freund0000a	2	180，181
freund1992a	14	202，203，204，205，206，207，208，…，215
freund1992b	19	216，217，218，219，220，221，222，…，234
freund1992c	7	235，236，237，238，239，240，241
freund1993a	21	256，257，258.259，260，261，262，…，255
freund1993b	4	263，264，265，266
freund1993c	2	267，268
freund1995a	37	269，270，271，272，273，274，275，…，285
…	…	…

4.5.3　实验过程

实验中涉及的环境如下：①硬件为 Pentium(R) Dual-Core 2.4GHz CPU、8GB 内存；②开发环境为 64 位 Windows 10 专业版操作系统、JDK1.6、Eclipse Mars 4.5 开发平台、phpMyAdmin；③开发语言为 Java 语言；④开发工具为 Tomcat v7.0、SecondString.jar。

为了对模型中各功能模块算法的有效性进行测试，本章开展了两个主要实验来对它们进行验证：

1）将字符串列表中各字符串按其出现频次从高到低排序。程序对字符串列表中相同字符串进行分组，同时计算出每个组内相同字符串的数量（出现频次）。在每组仅用一个字符串代表的情况下，程序再将所有字符串按其组内的数量从大到小排序。程序的输入是字符串列表及列表中各字符串的出现频次，输出是字符串列表中各字符串按其出现频次从高到低进行排序。程序实现中调用了一些相关的

Java API（如集合类的 sort()方法）。

2）基于优先队列产生一系列代表记录。程序在形成一系列记录簇的同时，产生一系列与之相对应的代表记录。程序在产生代表记录时不仅考虑优先队列本身的特性，而且考虑代表记录属性值的组织形式。程序的输入是 Cora 数据集，输出是一系列代表记录及其关联的记录簇。程序除了调用一些相关的 Java API 外，在程序实现中还系统地调用了模型中的其他功能模块算法。

另外，程序实现中所用到的 Java 程序函数及其功能描述如表 4.2 所示。

表 4.2　程序实现中所用到的 Java 程序函数及其功能描述

函数名称	功能描述
ss_similarity(String s1, String s2)	计算两个字符串间的 Jaccard 相似性值，返回一个布尔值表示两个字符串是否相似（匹配）。利用了 SecondString 工具包中的方法
ss_similarityScore(String s1, String s2)	计算两个字符串间的 Jaccard 相似性值，并返回该值。利用了 SecondString 工具包中的方法
rr_similarity(RepresentativeRecord rr, Record rec)	计算待比较记录与代表记录之间的相似性，返回一个布尔值表示两条记录是否匹配。其中，在计算相似性值前，先对代表记录属性值的字符串列表按频次从高到低进行排序，并假定在至少存在 3 个对应属性相似的情况下，两条记录被认为是相似的
updateRepresentativeRecord(RepresentativeRecord temprr, Record temprec)	在扫描过程中动态更新代表记录中的内容，返回更新后的代表记录。由于是基于优先队列来产生代表记录的，因此代表记录的更新过程主要是在原有属性值上进行字符串及其出现频次计算
generateRepresentativeRecordSet(ArrayList <Record> Dataset)	对输入的数据集进行实体解析，在解析过程中基于优先队列产生一系列代表记录，返回产生的一系列代表记录

1. 字符串列表中各字符串的排序

图 4.8 中显示了 Cora 数据集中某个记录簇（组）内部所有记录的 venue 属性上的字符串组成字符串列表时的排序情形，其中，程序的运行结果显示在 Eclipse 开发工具中的 Console 窗口中。从图 4.8 中可以看出，即便有些字符串看起来长度不一、较复杂（可能相似、语义上相似、完全不同或完全相同），但程序都能精确识别出其中相同的字符串并汇总其中的个数。

在若干相同的字符串被其中一个字符串来代替，并用汇总的个数作为该字符串出现频次的情况下，程序能有效地对由<字符串,出现频次>对组成的列表中的各字符串按其出现频次从高到低进行排序。如图 4.8 所示，出现频次最高的字符串将排在列表的最前面，出现频次其次的字符串被排在列表的第二个位置，依此类推。

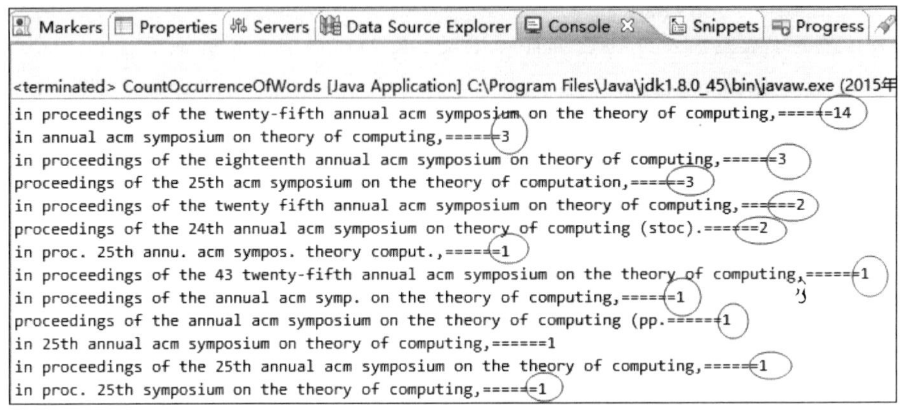

图 4.8　字符串按其出现频次进行自动排序

通过精确算出字符串列表中相同字符串的个数，并将它们进行分类，程序能自动规范字符串列表中的字符串排序，为新来的字符串最先与出现频次最高的字符串进行比较提供了保证。

该实验表明，本章提出的方法能准确地让字符串列表中的字符串自动按其出现频次从高到低进行排序，为以具有这种性质的字符串列表作为其属性值的代表记录更能有效代表相应的记录簇提供了有力依据。

2. 基于优先队列产生一系列代表记录

图 4.9 中显示了在实体解析过程中程序产生的一系列代表记录（部分），为了方便分析，图 4.9 中只显示了代表记录的 authors 属性上的值（字符串列表）。为了分析产生的代表记录是否具有代表性，作者从其构成的 3 个方面，即 ID 属性、recIDs 属性和 authors 属性来进行说明。

ID 属性标识当前代表记录，对每条代表记录来说，其 ID 值是在数据集中扫描到的用来作为产生新代表记录时的那条记录的 ID，而不是后续扫描到的其他记录的 ID，或用一个随机生成的数字来作为其 ID 值。

recIDs 属性标识代表记录所关联的一个记录簇，其 recIDs 值由记录簇内部所有相似记录的 ID 组成。

authors 属性中的值是当前代表记录本身的核心内容之一，代表记录是否具有代表性很大程度上通过这样的核心内容来体现。

尽管在 Cora 数据集中 ID 为 2、3、4 和 5 的记录已被预先人工划分在同一个组中（index 为“blum1993”），但经过在解析过程中产生的代表记录，它们被划分在 3 个不同的组中，即形成了 3 个不同的记录簇，如图 4.9 中方框所示。事实上，

代表记录ID：	包含的记录：	属性Authors：
1	[1]	[p. auer, n. cesa-bianchi, y. freund, and r. e. schapire,:1]
2	[2,3]	[a. blum, m. furst, m. j. kearns, and richard j. lipton.:1,avrim blum, merrick furst, michael kearns, and richard j. lipton.:1]
4	[4]	[avrim blum, merrick furst, michael kearns, and richard j. lipton.:1]
5	[5]	[a. blum, m. furst, m. kearns, r. lipton.:1]
8	[8]	[blum a., furst m., jackson j., kearns m., mansour y., and rudich s.:1]
9	[9,14]	[a. blum, m. furst, j. jackson, m. kearns, y. mansour, and s. rudich.:2]
10	[10,11,12,13]	[avrim blum, merrick furst, jeffery jackson, michael kearns, yishay mansour, and steven rudich.:3,avrim blum, merrick furst, jeffrey
15	[6,7,15]	[blum, a., furst, m., jackson, j., kearns, m., mansour, y., & rudich, s.:2,blum, a., m. furst, j. jackson, m. kearns, y. mansour and
17	[16,17,18,19,20,27,29,30,31,32,33,34,35,36,37,38,40,41,42,43,45,46,47,48,49,51]	[nicolo cesa-bianchi, yoav freund, david p. helmbold, david haussler, robert e. schapire, and manfred k. warmuth.:9,n. cesa-bianchi,
21	[21]	[cesa-bianchi, n., freund, y., helmbold, d. p., haussler, d., schapire, r. e., & warmuth, m. k.:1]
22	[22,23]	[cesa-bianchi, n., freund, y., helmbold, d., & haussler, d.:1,cesa-bianchi, n., freund, y., helmbold, d., haussler, d., schapire, r.,
24	[24]	[cesa-bianchi, n., y. freund, d. p. helmbold, d. haus-sler, and r. e. schapire a nd m. k. warmuth.:1]
25	[25,26,39,44,50]	[n. cesa-bianchi, y. freund, d.p. helmbold, d. haussler, r.e. schapire, and m.k. warmuth.:3,n. cesa-bianchi, y. freund, d
28	[28]	[n. cesa-bianchi, y. freund, d. p. helmbold, d. haus-sler, r. e. schapire, and m. k. warmuth.:1]
52	[52]	[n. cesa-bianchi, y. freund, d. p. helmbold, d. haussler, r. e. schapire, and m. k.:1]
53	[53,54,61,63]	[n. cesa-bianchi, y. freund, d. p. helmbold, and m. warmuth.:3,n. cesa-bianchi, y. freund, d. p. helm-bold, and m. warmuth.:1]
55	[55]	[cesa-bianchi, n., freund, y., helmbold,:1]
56	[56,57]	[cesa-bianchi, n., freund, y., helmbold, d. p., and warmuth, m.:2]
58	[58]	[cesa-bianchi, n., y. freund, d. p. helmbold, and m. warmuth.:1]
59	[59]	[n. cesa-bianchi, y. freund, d. p. helmbold, and m. warmuth.:1]
60	[60]	[n. cesa-bianchi, y. freund, d.p. helmbold, and m. warmuth.:1]
62	[62]	[n. cesa-bianchi, y. freund, d. helmbold, and m.k. warmuth.:1]
64	[64]	[cesa-bianchi, n., freund, y., haussler, d., helmbold, d. p., schapire, r. e. & warmuth, m. k.:1]
65	[65]	[cesa-bianchi, n., freund, y., haussler, d., helmbold, d. p., schapire, r. e., and warmuth, m. k.:1]
66	[66,68]	[n. cesa-bianchi, y. freund, d. haussler, d. p. helmbold, r. e. schapire, and m. k. warmuth,:2]
67	[67,69,70,71]	[n. cesa-bianchi, y. freund, d. p. helmbold, d. haussler, r. e. schapire, and m. k. warmuth.:2,n. cesa-bianchi, y. freund ,d. haussle
72	[72,73]	[n. cesa-bianchi, y. freund, d. p. helmbold, and m. k. warmuth,:1,n. cesa-bianchi, y. freund, d. p. helmbold, and m. k. warmuth.:1]
74	[74]	[n. cesa-bianchi, y. freund,:1]
75	[75]	[cesa-bianchi, n., freund, y., haussler, d., helmbold, d. p., schapire, r. e., & warmuth, m. k.:1]
76	[76,77]	[nicolo cesa-bianchi, yoav freund, david haussler, david p. helmbold, robert e. schapire, and manfred k. warmuth.:2]
78	[78,79]	[n. cesa-bianchi, y. freund, d. haussler, d. p. helmbold, r. e. schapire, and m. k. warmuth,:2]
80	[80]	[william w. cohen, rob schapire, and yoram singer.:1]
81	[81,82]	[william w. cohen, robert e. schapire, and yoram singer.:2]
83	[83]	[w. w. cohen, r. e. shapire, and y. singer.:1]
85	[85,86,88,89]	[dietterich, t., m. kearns, and y.:2,dietterich, t. g., kearns, m., & mansour, y.:1,dietterich, t., kearns, m., & mansour, y.:1]

图 4.9　产生的一系列代表记录（部分）

通过人工观察 Cora 数据集中这些记录属性上的值发现，解析后所形成的记录簇大部分是正确的，这进一步说明了代表记录能较好地将相似记录聚在一起形成记录簇，即产生的代表记录具有较好的代表性。

更具体地说，对代表记录所代表的记录簇内部的所有记录而言（不管数量多少），代表记录的 authors 属性上的值不仅能很好地反映记录数量上的变化，而且能通过规范自身内容的组织方式来从整体上提高实体解析过程中的精度和效率。例如，ID 为 1 的代表记录中 authors 属性的字符串列表中只有一个字符串，因而其出现频次为 1；而 ID 为 17 的代表记录中 authors 属性的字符串列表中各字符串按其出现频次从高到低进行排序，其中一个字符串"nicolo cesa-bianchi, yoav freund, david p. helmbold, david haussler, robert e. schapire, and manfred k. warmuth."的出现频次为 9，因而其排在列表的最前面。

该实验表明，由于提出的方法能预先规范代表记录属性值的组织形式，能有效结合优先队列的特性，且能良好适应复杂的字符串情形，因此其在聚类潜在相似记录的同时，能有效地产生一系列更具代表性的代表记录。

4.5.4　实验结果分析

为了对基于优先队列的代表记录产生的效果进行评测，除了对优先队列方法本身的性能进行测试外，本章还将其与基于 R-Swoosh 算法的代表记录产生方法的性能进行对比[37]。为了方便对比分析，下面将基于优先队列的代表记录产生模型产生代表记录的方法称为优先队列方法，并将基于 R-Swoosh 算法产生代表记录的方法称为 R-Swoosh 方法。其中，R-Swoosh 方法认为，当相似性规则和合并规则满足 ICAR①性质时，R-Swoosh 算法能合并所有可能的记录，其核心思路：对于任何一对相似的记录，用它们的合并记录来替换，直到不再有相似的记录对存在，这样就得到了一个唯一的代表记录集合，它独立于合并的顺序。由于该算法能有效组织相似性比较，因此在许多情况下可避免比较所有的记录对。

按照实验过程利用优先队列方法及 R-Swoosh 方法分别对实验所用数据进行处理，并分为 4 个部分对它们的实验结果进行分析：①优先队列方法的性能分析；②阈值对两种方法有效性的影响；③两种方法所需运行时间随数据集大小的变化情况；④两种方法所产生代表记录数量的比较。在评价标准的选择上，本节采用准确率（precision）和召回率（recall），并用 F 值（F-Score）作为评测标准[97]，其计算公式如下：

$$\text{precision} = \frac{\text{正确的记录匹配对数}}{\text{预测的记录匹配对数}}$$

$$\text{recall} = \frac{\text{正确的记录匹配对数}}{\text{真实的记录匹配对数}}$$

$$F\text{值} = \frac{2 \times \text{precision} \times \text{recall}}{\text{precision} + \text{recall}}$$

此外，两种方法所采用的相似性规则与合并规则的定义分别如下：①相似性规则，若两条记录中存在至少 3 个对应属性相似，那么二者相似；②合并规则，对两条记录对应属性上的值进行并集操作。

1. 优先队列方法的性能分析

为了测试优先队列方法本身的性能，本节主要对真实数据集 Cora 中记录的属性（authors、title 和 venue）进行测试，因为方法主要通过计算各属性的相似性来判定记录的相似性。从表 4.3 中的数据可知，总体上来看，该方法在各属性上都达到了较高的准确率、召回率和 F 值，但和通常基准方法[24]的结果相比仍有一定的差距，这主要是因为数据集中大量记录本身存在不同的数据质量问题。这一问题也证明了优先队列方法本身所具有的较高容错性、可靠性和可行性，因为基于提出的相似性规则和合并规则，再结合代表记录的产生方式，代表记录产生模型能在实体解析过程中较好地产生具有代表性的代表记录，这让实体解析过程的高效性和准确性得到了一定程度的保证，并更接近实际的结果。

① ICAR 是 idempotence（幂等性）、commutativity（交换性）、associativity（结合性）和 representativity（代表性）的首字母组合。

表 4.3　优先队列方法的准确率、召回率和 F 值

记录的属性	准确率		召回率		F 值	
	优先队列方法	基准方法	优先队列方法	基准方法	优先队列方法	基准方法
authors	0.81	0.88	0.79	0.87	0.776	0.875
title	0.81	0.89	0.80	0.88	0.795	0.885
venue	0.73	0.82	0.81	0.88	0.785	0.845

2. 阈值对两种方法有效性的影响

利用真实数据集 Cora，并采用上述有效性评测标准，最后得到阈值对两种方法有效性的影响的比较结果，如图 4.10 所示。通过观察发现，阈值在取值 0.5、0.6 时，两种方法所产生的代表记录数量均比较接近真实的代表记录数量，说明这两个阈值很好地满足了各自算法的折中要求。然而，当阈值小于 0.5 时，两种方法均将得到更少的代表记录数量，因为那些不太相似的字符串可能由于阈值较小而被判定为相似，所以它们所在的记录可能被合并到同一个记录簇，最终导致产生的代表记录的总数量减少。当阈值大于 0.7 时，两种方法均将得到更多的代表记录数量，因为即使很相似的字符串，也可能由于阈值较大而被判定为不相似，所以它们所在的记录不可能被合并到同一个记录簇，最终导致产生的代表记录的总数量增多。

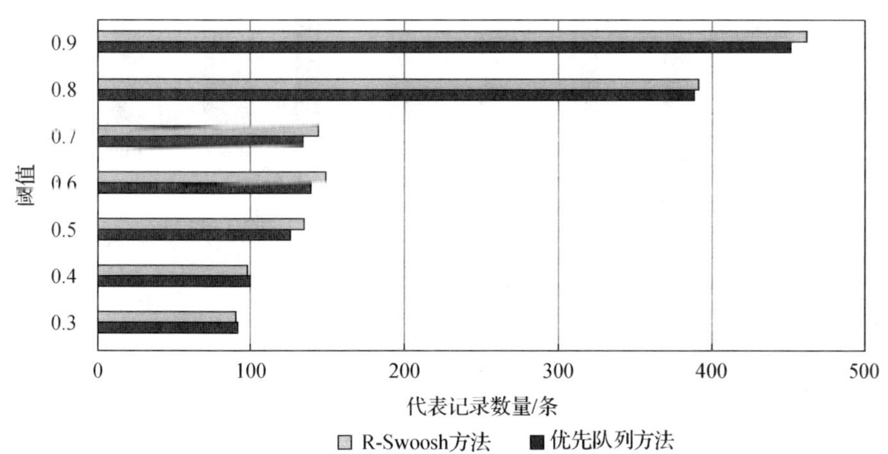

图 4.10　阈值对两种方法的性能影响

此外，无论采用哪种方法来产生代表记录，优先队列方法在各阈值下所得到的代表记录数量都与 R-Swoosh 方法不同。在阈值小于 0.5 时，优先队列方法产生相对较多的代表记录；而在阈值大于 0.7 时，其产生相对较少的代表记录。这进

一步说明两种方法在处理实体解析问题时都是非常有效的，只是优先队列方法能让准确率更接近真实状况。

3. 两种方法所需运行时间随数据集大小的变化情况

从图 4.11 中可以看出，随着待解析的记录数量逐渐增多，总体上来看，两种方法运行所需要的时间稳步上升。当记录数量较少时，二者所需时间的相差幅度不是很大，但随着记录数量逐渐增多，相差幅度也随之增大。值得注意的是，无论数据集中的记录数量如何变化，优先队列方法所需的运行时间始终小于 R-Swoosh 方法所需的运行时间。这是因为优先队列方法能自动计算代表记录中属性的字符串列表中各字符串的出现频次，并将它们按各自的出现频次从高到低进行排序，从而可以避免明显不相似的记录对间的比较，减少大量的比较次数，抑制记录对比较随记录数量增加而形成的不稳定增长，从而节省大量的时间开销。这也说明优先队列方法更适合处理大数据量下的实体解析。

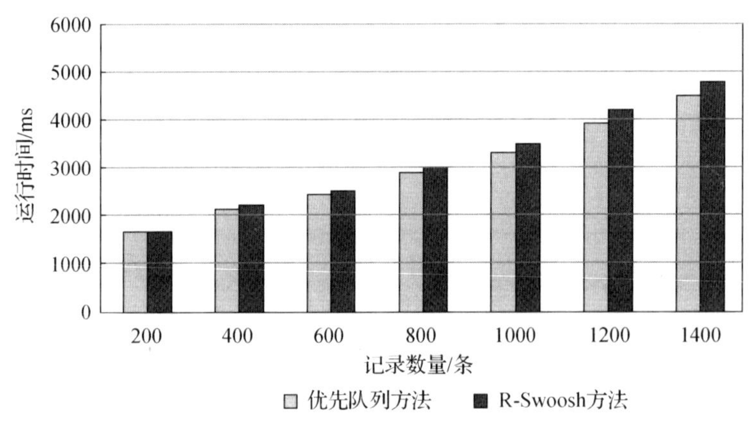

图 4.11　两种方法的运行时间比较

4. 两种方法所产生代表记录数量的比较

图 4.12 显示了两种方法在不同数据集大小下产生代表记录的情况。可以看出，两种方法所产生的代表记录数量与真实的记录分组数量存在很大的差异，这主要是因为人工划分的记录组中存在数据质量问题，导致生成的 Key 不尽相同，从而让那些看似相似的记录并未相邻地排在一起，甚至相距甚远，这样在进行解析时将会产生大量由一条或若干条记录组成的代表记录，而非仅仅是一条代表记录组的代表记录，最终导致产生的代表记录数量偏大。

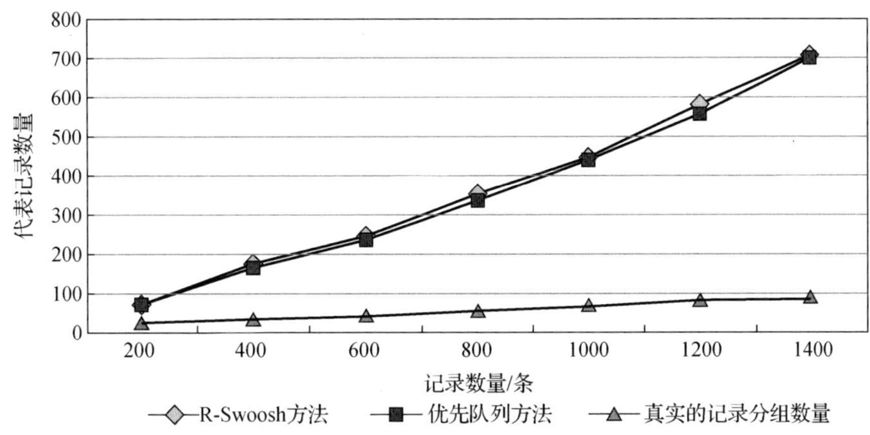

图 4.12　两种方法在不同数据集大小下产生代表记录的情况

此外，由于优先队列方法很好地结合了优先队列固有的特性、基于 *N*-Gram 的字符串划分技术和代表记录的产生方式，因此从整体上来看，优先队列方法相较于 R-Swoosh 方法产生的代表记录数量更接近真实的记录分组情况，即从图 4.12 中曲线上看略微偏下。

4.5.5　实验结论

通过在实际数据集上进行的一系列实验表明，本章提出的代表记录产生模型是合理可行的。通过将代表记录看作单条记录，规范其属性值的构成方式，并将优先队列的特性与排序数据集中的“记录块”相结合，该模型产生的代表记录不仅使实体解析过程变得更加高效，而且能以更加高效的方式继续产生（更新）代表记录。总体来说，该模型的优点主要表现在如下 3 个方面：

1）能显著提高实体解析精度。由于代表记录属性上的值被规范成一个完整的字符串列表，因此在比较过程中不会遗漏任何有可能相似的字符串，从而可扫描到目前为止所有的字符串。

2）能显著提升实体解析效率。由于字符串列表中的字符串按其出现频次从高到低进行排序，因此在比较过程中那些很可能相似的字符串会首先被选出来参与相似性计算，从而避免对所有字符串进行比较。

3）产生的代表记录更具代表性，反过来又会提高实体解析的效率和精度。采用将代表记录看作单条记录，并规范其属性值的构成方式，这样，在实体解析过程中产生的代表记录不受相似记录数量的限制，因而更具代表性。另外，规范的代表记录不仅有利于记录间的相似性判定，而且有利于记录间的合并。更重要的是，它统一了相似性计算方式并可明显减少不必要的比较次数。

本 章 小 结

本章对基于优先队列的代表记录产生模型构建的技术路线进行了阐述，并对一些概念进行了适当的定义以方便形式化描述该模型。在此基础上，从待比较记录与代表记录间的相似性判定、待比较记录与代表记录间的合并，以及基于优先队列的代表记录产生 3 个方面对代表记录产生模型进行了设计，并对这 3 个方面涉及的具体功能模块体给出了具体实现方法。由于能在产生代表记录的同时对其属性中的值进行规范，并能将排序的数据集与优先队列本身的特性进行密切结合，因此该模型使产生的代表记录更能代表动态变化的记录簇，从而有助于后续更有效地解析出更多潜在相似记录，减少不必要的记录比较操作等。

第 5 章　基于并查集的相似记录聚类模型构建方法研究

基于优先队列的代表记录产生模型有助于发现数据集中潜在相似的记录，但是仅在数据集上进行一次实体解析未必能发现所有潜在相似的记录，即一趟扫描下来，那些潜在相似的记录未必都会被聚类在同一个记录簇中，反映出此前产生的代表记录未必都具代表性。之所以出现这种情形，主要是因为属性值中存在错误或不一致表达，以及基于优先队列的实体解析方法本身存在局限性。因此，构建一个有助于发现所有潜在相似记录的模型以让代表记录的代表性进一步增强，在整个研究中起着重要的作用。本章将围绕如何找出在解析过程中遗漏的潜在相似记录并将它们划分到同一个记录簇，从而让代表记录的代表性进一步增强这一关键问题展开研究，并提出基于并查集的相似记录聚类模型。

5.1　相似记录聚类模型构建方法的技术路线

尽管对数据集进行一趟扫描可解析出其中的大部分相似记录［形成 n（$n>1$）个记录簇］，但产生的代表记录未必都具代表性。

鉴于此，本章提出使用基于并查集的相似记录聚类模型，通过计算完整的相似信息并基于此捕捉完整的传递性信息来尽可能地发现潜在相似的记录，并将其所在的不同记录簇进行合并以形成一个记录簇从而更新相关的代表记录。基于并查集的相似记录聚类技术路线如图 5.1 所示，为便于进行分析，这里假定在数据集上共进行 4 趟扫描。

具体来说，本章对技术路线中的 3 个主要方面进行研究：

1）基于重要属性生成高质量 Key。潜在相似的记录在对应的重要属性上会潜在相似，因而基于它们产生的 Key 会密切匹配。通过可自定义配置以选择属性的方式来考虑有足够识别力的重要属性，即属性值质量高的属性，这样就能基于它们生成高质量的 Key，从而有可能让潜在相似记录在依据 Key 进行排序后相邻，让它们有参与比较过程的可能。这种方式相当于利用属性权重信息来产生 Key，但比利用属性权重的方式更灵活，至少在具体实现方面。

2）基于传递闭包发现相似记录。在不同趟扫描结果之间推理出记录对之间的相似性。利用在第 m 趟排序、比较操作中检测到的记录间的相似关系来合并在

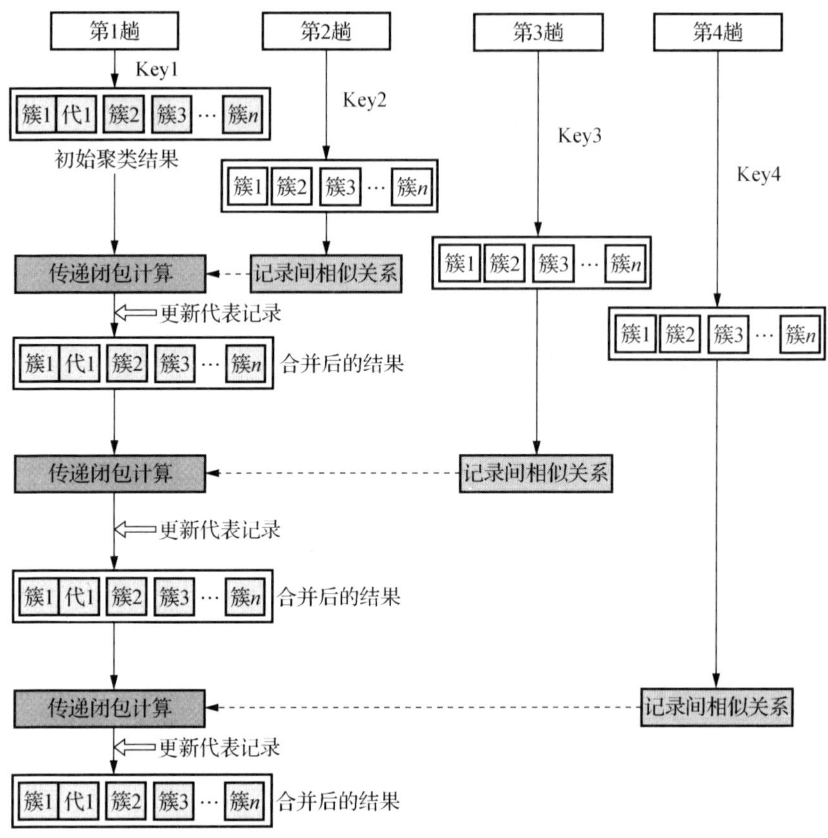

图 5.1　基于并查集的相似记录聚类技术路线

$m-1$ 趟中检测到的记录簇，其中每一趟基于不同的 Key。这一合并过程事实上就是，利用同一趟聚类结果中记录簇内记录间的相似性，以及不同趟聚类结果中记录簇间记录间的传递相似性来计算传递闭包以发现更多相似记录，同时调用并查集的操作真正实现合并。

3）基于并查集合并相似记录。合并两条相似记录各自所在的记录簇，同时更新记录簇的代表记录。利用并查集数据结构的操作方式来有效实现记录簇间的合并，这一合并过程本质上就是一个增量式合并过程，即最初的记录簇可能会随后续每趟聚类结果中发现的相似关系而逐渐包含更多记录。

5.2　相 关 定 义

为了找出遗漏的潜在相似记录并将它们划分到同一个记录簇，在设计基于并查集的相似记录聚类模型之前，作者先对一些概念进行适当的定义以方便形式化描述该模型。定义 5.1 基于属性值来明确定义记录间相似性，定义 5.2 基于属性值来明确定义记录间相似关系的传递性。

5.2.1　记录间相似性

定义 5.1（**记录间相似性**）：如果存在一个 i（$1 \leqslant i \leqslant n$），使属性 V_i 和 U_i 的值相等，即 $V_i = U_i$，那么认为两条记录 $(V_1, V_2, \cdots, V_n)$ 和 $(U_1, U_2, \cdots, U_n)$ 是相似的。换句话说，如果两条记录在某些对应属性上的值相等（产生的 Key 也会相等），那么认为两条记录是相似的。

以表 5.1 中的数据集为例，依据记录间相似性定义（定义 5.1），记录 ID 为 3 和 5 的两条记录是相似的，因为它们在 3 个对应属性上的值相同（city、phn 和 represent），分别为“Beijing”、“80103389”和“Sham”。与此类似，记录 ID 为 4 和 5 的两条记录也是相似的，因为它们也在 3 个对应属性上的值相同（name、zipcode 和 represent），分别为“Wal-Mart”、“90015”和“Sham”。

表 5.1　商家信息数据集

ID	name	city	zipcode	phn	represent
1	Carrefour	Beijing	90015	83950321	Morgan
2	Carrefour	Changsha	20016	80374832	Morgan
3	Mal-Mart	Beijing	90015	80103389	Sham
4	Wal-Mart	BJ	90015	010-80103389	Sham
5	Wal-Mart	Beijing	90015	80103389	Sham
6	Wal-Mart	Changsha	20040	70937485	Sham
…	…	…	…	…	…

5.2.2　记录间相似关系的传递性

定义 5.2（**记录间相似关系的传递性**）：如果两条记录 $V = (V_1, V_2, \cdots, V_n)$ 和 $U = (U_1, U_2, \cdots, U_n)$ 是相似的，那么 V 和 U 是传递相似的（看作一种特例），或如果存在多条记录 $R_1, R_2, \cdots, R_k\ (k \geqslant 1)$，使 V 和 R_1 是相似的，R_k 和 U 是相似的，并且 R_i 和 $R_{i+1}\ (1 \leqslant i < k)$ 是相似的，那么 V 和 U 是传递相似的。

以上述记录间相似性为基础，即记录 ID 为 3 和 5 的两条记录相似，同时记录 ID 为 4 和 5 的两条记录也相似，依据记录间相似关系的传递性定义（定义 5.2），ID 为 3 和 4 的两条记录是传递相似的，尽管它们之间不存在 3 个对应的属性值相同。记录间相似关系的传递性定义反映出这样一个事实：当通过记录间相似性定义来直接判定两条记录是否相似时，其结果可能是不相似的，而通过记录间相似关系的传递性定义，两条记录却可能被判定为彼此相似。

5.3　相似记录聚类模型的设计

为让代表记录的代表性进一步增强，针对现有方法中存在的不足，本节设计相似记录聚类模型时基于以下思路：在扫描数据集的每一趟中采用不同的 Key，利用后续每趟扫描结果中检测到的相似关系来合并此前检测到的记录簇，通过并查集结构的操作方式来实现这一增量式合并过程，让那些潜在相似记录聚类到一起，继而更新记录簇的代表记录。

基于上述思路，本节在设计相似记录聚类模型时主要考虑以下 3 个功能模块：基于重要属性生成高质量 Key 模块（选择若干属性并生成高质量的 Key）、基于传递闭包发现相似记录模块（基于每趟扫描结果中的相似关系来合并相似记录），以及基于并查集合并相似记录模块（通过并查集数据结构的操作方式来增量式地合并相似记录），如图 5.2 所示。

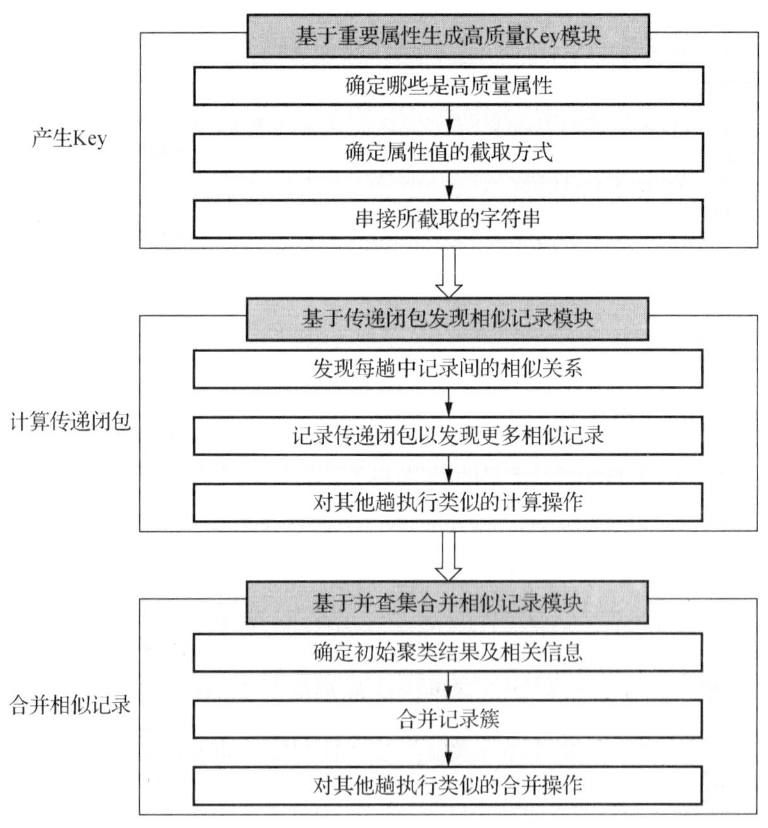

图 5.2　相似记录聚类模型

5.3.1　基于重要属性生成高质量 Key 模块的设计

一般来说，数据集中的记录可能包含众多属性，从几个到几百个不等，属性值可能是字符串或整数等数据类型，本节主要讨论字符串类型。然而，对于某些属性值而言，其中可能会存在数据质量问题[98]。为了在解析过程中克服这一不利因素，下面主要通过以下思路来设计高质量 Key 生成过程：有效利用有足够识别力的重要属性，即属性值质量较高的属性，并对其中的值或部分值进行串接以形成 Key。这样，基于重要属性生成的高质量 Key 就很有可能使潜在相似记录在排序后相邻，便于在它们之间计算相似性；否则，生成的 Key 将无法使它们紧密地相邻。

具体来说，生成高质量 Key 的过程可以概括为以下 3 个步骤：

1）确定哪些是参与计算的高质量属性。例如，在业内专家指导下认定记录的某些属性可作为高质量属性。

2）确定属性值的截取方式。例如，截取属性值的前几个字母、中间几个字母、后几个字母作为一个字符串，或将整个属性值作为一个字符串等。

3）串接通过不同方式所截取的字符串。按规定的串接方式将截取的字符串串接起来以形成该记录的 Key。需说明的是，可预先规定多种自定义串接方式。

为进一步理解 Key 的生成步骤，下面对表 5.1 中的数据集来进行分析，并假定所用属性都是高质量的。生成图 5.3（b）部分中的一系列 Key 所需的 3 个具体实现步骤：①取出 zipcode 属性值的前 3 个字母作为字符串（"900"）；②取出 represent 属性值的前 3 个字母作为字符串（小写"mor"）；③按截取先后顺序方式串接这两个字符串以得到一个新字符串（"900mor"），它就是当前这条记录的 Key。同理，通过这种生成步骤可为其他记录生成相应的 Key。

ID	name	city	zipcode	phn	reprsent
1	Carrefour	Beijing	90015	83950321	Morgan
2	Carrefour	Changsha	20016	80374832	Morgan
3	Mal-Mart	Beijing	90015	80103389	Sham
4	Wal-Mart	BJ	90015	010-80103389	Sham
5	Wal-Mart	Beijing	90015	80103389	Sham
6	Wal-Mart	Changsha	20040	70937485	Sham
…	…	…	…	…	…

（a）数据集上的记录

生成 ➡

Key
900mor
200mor
900sha
900sha
900sha
200sha
…

（b）生成的Key

图 5.3　基于重要属性生成高质量 Key

5.3.2　基于传递闭包发现相似记录模块的设计

通过对 Key 生成方式的分析可知，对于同一条记录来说，可以通过不同方式生成若干与之对应的不同 Key。这为发现潜在相似记录提供了可能，因为每条记录有多个对应的 Key 是通过计算传递闭包来发现潜在相似记录的必要条件。为能基于每趟扫描结果中的相似关系来计算传递闭包，下面主要从两个方面来对这一计算过程进行设计：发现记录间的相似关系（如何通过 Key 来发现相似关系），计算传递闭包以发现更多相似记录（如何利用每趟中检测到的相似关系、此前检测到的相似关系，以及相似关系的传递性来发现更多潜在相似记录）。

为方便分析多趟扫描结果下的传递闭包计算过程，这里使用一个包含 12 条记录的数据集，它们的 ID 分别为 $R_1 \sim R_{12}$，并假定采用了 4 种不同的生成方式为每条记录生成 4 个不同的 Key，分别表示为 Key1、Key2、Key3 和 Key4，如图 5.4 所示。

ID（记录ID）	Key1（键1）	Key2（键2）	Key3（键3）	Key4（键4）	ClusterID（记录簇ID）
R_1	D2L2W5	D2L4V41	D2L3W21	D2L5V42	1
R_2	D2L2W5	D2L4V4	D2L3V3	D2L5W3	2
R_3	D2L2W5	D2L4V9	D2L3W6	D2L5W6	3
R_4	D3L2V29	D3L4W4	D3L3W4	D3L5W4	4
R_5	D2L2W6	D2L4V32	D2L3W8	D2L5W8	5
R_6	D2L2W6	D2L4V4	D2L3W5	D2L5W5	6
R_7	D3L2W10	D3L4V6	D3L3W4	D3L5W5	7
R_8	D3L2W27	D3L4V7	D3L3W4	D3L5W6	8
R_9	D2L2W8	D2L4V25	D2L3V24	D2L5V26	9
R_{10}	D2L2W8	D2L4V25	D2L3W53	D2L5W45	10
R_{11}	D2L2W34	D2L4V25	D2L3W7	D2L5W7	11
R_{12}	D2L2W34	D2L4V25	D2L3W2	D2L5W6	12

图 5.4　每条记录生成 4 个 Key

在图 5.4 中，每一条记录用其 ID 进行表示，并保存在 ID 列中，同时省去了记录的其他属性。Key1、Key2、Key3 和 Key4 列中的值分别为通过某种 Key 生成方式为当前记录生成的 Key。这样，对于每一条记录而言，就有了与之对应的 4 个不同 Key。

1. 发现记录间的相似关系

具有相同 Key 的记录在依据该 Key（如 Key1）进行排序后，会紧密相邻地排列在一起，这样，它们就会被解析并有可能聚类到同一个记录簇中。简单来说就是，具有相同 Key 的记录会被聚类到一起。值得说明的是，为方便分析，这里仅讨论 Key 相同而不讨论 Key 相似的情形，实际上 Key 相同被视为 Key 相似的一种特例。

对图 5.4 中每一个 Key 列而言，若存在相同的 Key，则用相同的背景颜色对它们进行标注，以表示它们所对应的记录位于同一个记录簇中。由于在 Key1 列中存在 4 组相同的 Key，因此用 4 种不同的背景颜色对它们进行标注。这样，就得到了 4 个记录簇：$\{R_1,R_2,R_3\}$、$\{R_5,R_6\}$、$\{R_9,R_{10}\}$ 和 $\{R_{11},R_{12}\}$。另外，3 个没有用颜色标注的 Key 表示其对应的记录不存在与之相似的记录，它们将各自形成一个仅包含其自身的簇（单点簇[99]）：$\{R_4\}$、$\{R_8\}$ 和 $\{R_7\}$。

这样，通过 Key1 列中的一系列 Key，数据集被聚类为 7 个记录簇：$\{R_1,R_2,R_3\}$、$\{R_5,R_6\}$、$\{R_9,R_{10}\}$、$\{R_{11},R_{12}\}$、$\{R_4\}$、$\{R_8\}$ 和 $\{R_7\}$。很显然，对于一个包含多条记录的记录簇来说，其中的记录彼此相似（如 R_5和R_6 彼此相似），即得到记录间的相似关系。为了让这些记录簇与某种解析方法存在某种关联，这里假定这个聚类结果是在一趟扫描中通过基于优先队列的实体解析方法而得到的。

正如基于 Key1 列中的一系列 Key 可以将数据集聚类为一系列记录簇一样，基于 Key2、Key3 或 Key4 列中的一系列 Key 同样可以将同一数据集分别聚类为一系列记录簇。表 5.2 中汇总显示了每趟聚类结果中的记录簇分布，同时也隐含地显示了每趟聚类结果中检测到的相似关系，如在第 4 趟中 R_3 和 R_{12} 因位于同一个记录簇而彼此相似。

表 5.2　每趟扫描下形成的不同记录簇

扫描趟数	聚类结果中的记录簇
1 趟（Key1）	$\{R_1,R_2,R_3\}$、$\{R_5,R_6\}$、$\{R_9,R_{10}\}$、$\{R_{11},R_{12}\}$、$\{R_4\}$、$\{R_8\}$、$\{R_7\}$
2 趟（Key2）	$\{R_2,R_6\}$、$\{R_9,R_{10},R_{11},R_{12}\}$、$\{R_1\}$、$\{R_3\}$、$\{R_4\}$、$\{R_5\}$、$\{R_7\}$、$\{R_8\}$
3 趟（Key3）	$\{R_4,R_7,R_8\}$、$\{R_3\}$、$\{R_5\}$、$\{R_6\}$、$\{R_9\}$、$\{R_{10}\}$、$\{R_{11}\}$、$\{R_{12}\}$
4 趟（Key4）	$\{R_3,R_{12}\}$、$\{R_1\}$、$\{R_2\}$、$\{R_4\}$、$\{R_5\}$、$\{R_6\}$、$\{R_7\}$、$\{R_8\}$、$\{R_9\}$、$\{R_{10}\}$、$\{R_{11}\}$

2. 计算传递闭包以发现更多相似记录

为能基于每趟扫描结果中的相似关系计算传递闭包以发现更多潜在相似记录，下面采用以下核心思想来对其进行设计：利用在第 m 趟排序、比较操作中检测到的记录间的相似关系来合并在前 $m-1$ 趟中检测到的记录簇（内部的记录彼此相似）。简而言之，就是利用后一趟（如第 2 趟）中记录簇内记录间的相似关系来合并前一趟（如第 1 趟）中已检测到的记录簇。

为便于理解传递闭包计算过程，作者基于该核心思想，并以第 1 趟和第 2 趟聚类结果中的记录簇为例来对计算过程进行分析，同时将第 1 趟聚类结果作为初始聚类结果。在初始聚类结果中，记录 R_1 和 R_2 位于同一个记录簇，因而它们彼此相似，即存在一个相似关系。在第 2 趟聚类结果中，记录 R_2 和 R_6 位于同一个记录簇，因而它们彼此也相似，相对于初始聚类结果中已有的相似关系，这是一个新检测到的相似关系。基于这两个相似关系，再结合记录间相似关系具有传递性这一性质，就很容易计算出记录 R_1 和 R_6 是彼此相似的（通过中间记录 R_2）。同理，通过这种计算传递闭包，可以得到在初始聚类结果中 R_2 所在记录簇 $\{R_1,R_2,R_3\}$ 中的所有记录和 R_6 所在记录簇 $\{R_5,R_6\}$ 中的所有记录两两彼此相似。如果两个记录簇内部的所有记录两两彼此相似，那么就可将这两个记录簇进行合并以形成一个记录簇。这里假定将 R_6 所在记录簇 $\{R_5,R_6\}$ 增量地合并到 R_2 所在的记录簇 $\{R_1,R_2,R_3\}$ 中，形成记录簇 $\{R_1,R_2,R_3,R_5,R_6\}$。这里"增量地合并"的意思是后续其他记录簇可能会再次合并到这个合并后的较大记录簇 $\{R_1,R_2,R_3,R_5,R_6\}$ 中。

同理，基于第 2 趟聚类结果中所有其他新检测到的相似关系，加上初始聚类结果中已有的相似关系，再结合记录间相似关系具有传递性这一性质，即可针对该趟对初始聚类结果中所涉及的记录簇进行一系列的增量式合并。

与此类似，可以分别基于第 3 趟、第 4 趟中新检测到的相似关系来继续对初始聚类结果中的记录簇进行增量式合并，其中涉及的计算过程本质上与上述分析的计算过程类似。

5.3.3 基于并查集合并相似记录模块的设计

通过计算传递闭包可以对初始聚类结果中的记录簇进行增量式合并，然而这一增量式合并过程的真正实现其实是让相似的记录具有相同的记录簇 ID，以表示它们位于同一个记录簇，而不是仅利用记录的某个 Key。为让相似的记录具有相同的记录簇 ID，下面采用并查集数据结构的操作方式来对其进行设计。这里假定每条记录具有另一个属性 ClusterID，表示当前记录所在的记录簇 ID，很显然，具有相同 ClusterID 值的记录表示它们位于同一个记录簇。

1. *初始聚类结果及其相关信息*

为便于对比分析，这里同样将第 1 趟聚类结果作为初始聚类结果，其中包含若干记录簇，每个记录簇由具有相同 ClusterID 值的记录构成，假定初始聚类结果及其相关信息如图 5.5 所示。其中，图 5.5 中记录的 ClusterID 值与图 5.4 中记录的 ClusterID 值不尽相同。最初，在图 5.4 中，记录的 ClusterID 值为其 ID 值，即表示记录属于仅包含其本身的记录簇，但在经过第 1 趟解析后的初始聚类结果中，有些记录的 ClusterID 值就不再是其 ID 值了。例如，最初记录 R_2 的 ClusterID 值为其 ID 值 2，经过第 1 趟解析后它的 ClusterID 值更新为 1，即表示它此时位于 ClusterID 值为 1 的记录簇中。

图 5.5 中的初始聚类结果共分为 3 行：第 1 行表示各记录的 Key1 值，并且

Key1 值从小到大进行排序；第 2 行表示各记录的 ID；第 3 行表示各记录的 ClusterID 值。简单来说，每一列表示一条记录（由 Key1、ID 和 ClusterID 组成），它们按各自的 Key1 值从小到大排序。由于 R_{11} 的 Key1 值“D2L2W34”是所有 Key1 值中最小的，因此它排在最前面，并且此时它的 ClusterID 值为 11。考虑具有相同 Key1 的记录会位于同一个记录簇，因此在图 5.5 中用同一背景颜色对具有相同 Key1 的列进行了标注，以表示这些记录位于同一个记录簇。

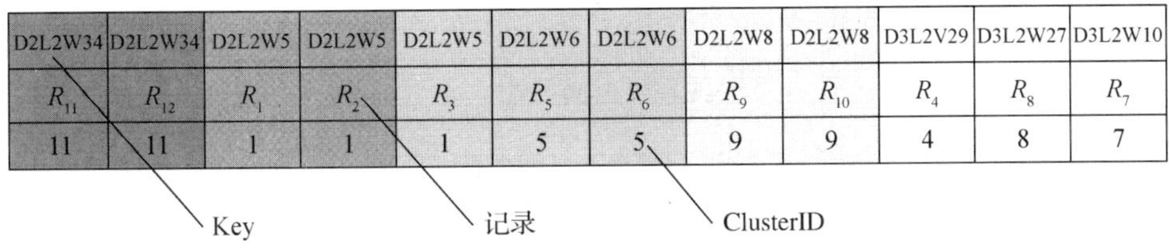

图 5.5　初始聚类结果及其相关信息

2. 合并相似记录

为了对初始聚类结果中被判定为相似记录的 ClusterID 值进行有效设定，以每次处理一个记录对为基础，Find 操作首先判定记录对在初始聚类结果中是否位于同一个记录簇，如果当前记录对位于同一个记录簇（它们的 ClusterID 值相同），则不做进一步处理；否则，调用 Union 操作来将它们的 ClusterID 值设定为同一个值。具体来说，就是将二者所在记录簇内部的所有记录设定为同一个值，即取较小的 ClusterID 值。

以表 5.2 中列出的第 2 趟聚类结果为例，其中存在两个内部记录数量大于 1 的记录簇：$\{R_2,R_6\}$ 和 $\{R_9,R_{10},R_{11},R_{12}\}$。假设首先考虑记录簇 $\{R_2,R_6\}$，其中只存在一个记录对：R_2 和 R_6，这时在初始聚类结果中对它们执行 Find 操作（Find(R_2)、Find(R_6)）以再次确认 R_2 和 R_6 是否位于同一个记录簇，很显然，它们此时不在同一个记录簇中，分别位于 $\{R_1,R_2,R_3\}$ 和 $\{R_5,R_6\}$。然后执行 Union(R_2, R_6) 操作来让它们所在的记录簇进行合并，即将 R_5 和 R_6 的 ClusterID 值都设定 1，使它们和 R_1、R_2 和 R_3 的 ClusterID 值相同，因为记录簇 $\{R_1,R_2,R_3\}$ 的 ClusterID 值较小。

下面考虑记录簇 $\{R_9,R_{10},R_{11},R_{12}\}$，其中存在 5 个记录对：$R_9$ 和 R_{10}、R_9 和 R_{11}、R_9 和 R_{12}、R_{10} 和 R_{11}、R_{11} 和 R_{12}。同理，通过对每个记录对执行类似上述操作即可对相关的记录簇进行合并。对该趟中所有检测到的记录间相似关系进行处理后，就得到了一个新的聚类结果，如图 5.6 中下部所示，图 5.6 中用箭头指明了重要记录 ClusterID 值的重新设定过程。

D2L2W34	D2L2W34	D2L2W5	D2L2W5	D2L2W5	D2L2W6	D2L2W6	D2L2W8	D2L2W8	D3L2V29	D3L2W27	D3L2W10
R_{11}	R_{12}	R_1	R_2	R_3	R_5	R_6	R_9	R_{10}	R_4	R_8	R_7
11	11	1	1	1	5	5	9	9	4	8	7

D2L2W34	D2L2W34	D2L2W5	D2L2W5	D2L2W5	D2L2W6	D2L2W6	D2L2W8	D2L2W8	D3L2V29	D3L2W27	D3L2W10
R_{11}	R_{12}	R_1	R_2	R_3	R_5	R_6	R_9	R_{10}	R_4	R_8	R_7
9	9	1	1	1	1	1	9	9	4	8	7

图 5.6　一趟合并后的聚类结果

另外，值得说明的是，在每次对两个记录簇进行合并得到一个新记录簇后，为新记录簇产生或更新其代表记录的过程可参考 6.3.4 节的内容来实施，这一过程与通过基于优先队列方法产生代表记录的过程有着本质的区别。

对于表 5.2 中第 3 趟、第 4 趟中检测到的记录间相似关系，可以采用类似的方法对初始聚类进行处理。

5.4　相似记录聚类模型的实现

5.4.1　基于重要属性生成高质量 Key 模块的实现

1. 产生对象数组

为了能在生成 Key 时任意选取重要属性（通常会考虑属性本身的权重信息来进行选取），本章采用一种可自定义配置的策略。该策略使用一个对象数组结构来保存选取的属性及其操作方式，从而使对象数组能作为生成 Key 算法的一个重要参数。自定义对象数组 config 的结构如下：

```
config: [{
        attribute:"属性 1",
        way:"截取方式 1"
    },{
        attribute:"属性 2",
        way:"截取方式 2"
    }
    …
```

```
    concatenation:"串接方式"
]
```

从中可以看出，数组中可保存的对象个数是不确定的，即所使用的属性可任意选取。其中，每一个对象包含两个属性：attribute 和 way，attribute 属性标识要操作的属性（如 authors），way 属性标识使用的截取方式（如取前 5 个字母）。此外，属性 concatenation 标识如何将截取的字符串串接起来形成一个 Key（如按截取次序）。

2. 生成 Key

为了基于自定义对象数组生成 Key，本节采用的方法是，依次取出其中的对象并基于对象中指定属性的操作方式来截取字符串，最后按指定串接方式串接截取的字符串。该方法不受对象个数的限制，因而有良好的自适应性。

算法实现主要考虑两个关键问题：第一，如何截取属性上的值。采用方法为预设多种截取方式，如截取字符串的前 *n* 个字母、截取字符串的后 *n* 个字母或截取字符串的中间 *n* 个字母等。第二，如何串接所截取的字符串。同样，可预设多种串接方式，如按正序、逆序和其他方式等来串接字符串。

具体伪代码算法（GenerateKey 算法）的实现如下：

```
输入：一条记录 r、一个自定义对象数组 config
输出：生成的 Key
key = null;
substr[] = null;                              //存放截取的字符串
for (i = 0; i < config.length; i++ ) {
    switch (config[i].way) {                  //选择截取方式
        case "方式 1"{
            substr[i] = 按方式 1 截取 r.attrs[config[i].attribute];
        }
        case "方式 2"{
            substr[i] = 按方式 2 截取 r.attrs[config[i].attribute];
        }
        case "方式 3"{
            substr[i] = 按方式 3 截取 r.attrs[config[i].attribute];
        }
    }
}
key = config.concatenation (substr[]); //对数组进行串接以生成 Key
return key;
```

5.4.2 基于传递闭包发现相似记录模块的实现

为了通过计算传递闭包发现相似记录，在将每趟聚类结果中的记录簇看作一个记录集合此时聚类结果就是一个由记录集合组成的集合的基础上，本节采用的方法是，通过计算记录集合间的交集方式来实现传递闭包的计算过程。其核心思路是调用 Union 算法来进行实际的合并过程。

算法实现主要考虑两个关键问题：第一，如何找出每趟聚类结果中所有的相似关系。通过在源数组中找出内部记录数量大于 1 的记录簇，这样就得到了所有的相似关系，因为这些记录簇所包含的记录彼此两两相似。第二，如何找出目标数组中相似记录以将它们进行合并。通过迭代遍历找到所有记录簇的同时，在目标数组中找出与当前记录簇存在相交关系（有共同元素）的记录簇，并将它们统一保存起来（这些保存起来的记录簇中所有记录应该彼此相似），调用 Union 算法来合并它们以形成一个记录簇。

具体伪代码算法（TransitiveClosure 算法）的实现如下：

```
输入：目标数组 ClustersD，源数组 ClustersS
输出：相似记录被进一步合并后的目标数组 ClustersD
for(i = 0; i < ClustersS.length; i++){
    if(ClustersS[i].count >1){
        Clusters[] = null;
        for(j = 0; j < ClustersD.length; j++){
            if(intersect (ClustersD[j],ClustersS[i]))
            //如果发现两个集合相交，则进行保存
                Clusters.add(ClustersD[j]);
        }
        if(Clusters.length >1){
            for (m = 0; m < Clusters.length - 1; m++){
            //从数组中把记录簇两两取出
                for(n = m + 1; n < Clusters.length; n++){
                    Union(ClustersD,Clusters[m][0], Clusters[n][0]);
                    //调用 Union 算法
                }
            }
        }
    }
}
return ClustersD;
```

5.4.3　基于并查集合并相似记录模块的实现

1. Find 算法

为了发现某条记录是否存在于某个记录簇中，本节采用的方法是，迭代遍历记录簇中每条记录以检测其是否与待比较记录相等。其核心思路是判定待比较记录 ID 是否与记录簇中某个记录 ID 相等。

算法实现主要考虑一个关键问题：如何在记录簇中有效找出与待比较记录 ID 相等的记录 ID。在迭代遍历记录簇的同时，迭代遍历当前记录簇中的记录，以比较当前记录的 ID 是否与待比较记录的 ID 相等，如相等则表示找到了待比较记录所在的记录簇，这时立即从内外层所有迭代过程中退出（可避免不必要的比较），并返回该记录簇。值得说明的是，由于记录的 ID 用整数来表示，而且记录簇中各记录也用其 ID 来表示，因此比较过程就变成了判定两个整数是否相等的过程。

具体伪代码算法（Find 算法）的实现如下：

```
输入：目标数组 ClustersD，记录 r
输出：某个记录簇的 ClusterID
matched = false;
ClusterID = -1;
for(i = 0; i < ClustersD.length; i++){
    for(j = 0; j < ClustersD[i].length; j++){
        if(ClustersD[i][j].ID == r.ID){    //如果记录簇中包含该记录
            ClusterID = ClustersD[i].ClusterID;
            matched = true;
            break;        //跳出内层循环
        }
    }
    if(matched){        //如果找到相应的记录簇，则跳出外层循环
        break;
    }
}
return ClusterID;
```

2. Union 算法

为了将两条记录各自所在的记录簇进行有效合并，本节采用的方法是，先判定两条记录是否位于同一个记录簇，然后依据判定结果决定是否需要进行合并。其核心思路是先调用 Find 算法来判定 ClusterID 属性上的值是否相等，然后修改记录的 ClusterID 属性上的值。

算法实现主要考虑两个关键问题：第一，如何避免对记录的 ClusterID 属性值进行不必要的修改。通过调用 Find 算法找出两条记录各自所属记录簇的 ClusterID，如果得到的两个 ClusterID 相等，则表示二者在同一个记录簇，因而不需要修改相应的 ClusterID 值。这保证了修改操作只有在两条记录位于不同记录簇时才能进行。第二，如何快速地将两个记录簇所有记录的 ClusterID 值设定为相同。通过选取两个 ClusterID 值中较小的那个来修改另一个记录簇中所有记录的 ClusterID 属性上的值，这样两个记录簇中所有记录 ClusterID 属性上的值都为较小的 ClusterID 值。当两个记录簇因内部所有记录 ClusterID 属性上的值相同时，表示它们已经合并。

具体伪代码算法（Union 算法）的实现如下：

```
输入：目标数组 ClustersD，记录 r1，r2
输出：相似记录被进一步合并后的目标数组 ClustersD
ClusterID1 == Find(r1);  //找到 r1 所在记录簇的 ClusterID
ClusterID2 == Find(r2);  //找到 r2 所在记录簇的 ClusterID
if((ClusterID1 != ClusterID2) && (ClusterID1 != -1))
    if(ClusterID1 < ClusterID2){
    //更新 ClusterID 为“ClusterID2”的记录簇内部所有记录 ClusterID
    //属性上的值
        for(i = 0; i < ClustersD[ClusterID2].length; i++){
            ClustersD[ClusterID2][i].ClusterID = ClusterID1;
            //更新记录簇内部所有记录 ClusterID 属性上的值
        }
    }else{ //更新 ClusterID 为“ClusterID1”的记录簇内部所有记录
            //ClusterID 属性上的值
        for(j = 0; j < ClustersD[ClusterID1].length; j++){
            ClustersD[ClusterID1][j].ClusterID = ClusterID2;
            //更改记录 ClusterID 属性上的值
        }
    }
return ClustersD;
```

5.5 相似记录聚类模型的评测

5.5.1 实验目的

本实验主要对基于并查集的相似记录聚类方法的有效性进行验证。通过将本章提出的方法与基于排序和并查集的传递闭包计算方法的结果进行对比分析，证明本章提出的方法在找出遗漏相似记录并将它们划分到同一个记录簇时的有效性。

5.5.2 实验数据

1. Cora 数据集

为了让实验过程的评估更具统一性和有效性，在实验过程中同样采用 Cora 数据集，因此在实验过程中使用的记录属性模式信息、记录分组信息都不会发生变化。但是，出于速度上的考虑，在实验过程中把保存在后台数据库中的 Cora 数据集一次性读取到内存中，以方便后续实验过程中所进行的比较、分析等操作。

2. 基于 Cora 数据集随机生成的细微变化的数据

为了进一步保证对实验结果分析的客观性，并考虑实际数据的规模有限，很难进行全面测试的情况，作者基于 Cora 数据集随机生成了一批可信的、细微变化的且具有一定规模的数据。例如，产生随机数据的一种方式如下：100000 个记录簇，其中 80%包含 2 条记录，10%包含 3 条记录，5%包含 4 条记录，2.5%包含 5 条记录，2.5%包含 6 条记录（共 237500 条记录）。

总的来说，新获得的数据集具有以下几个特点：①具有较高重复比例；②具有足够的规模，整个数据集有超过 100000 条记录；③随机生成的记录仍然具有分组信息；④具有足够的多样性。

5.5.3 实验过程

实验中涉及的环境如下：①硬件为 Pentium(R) Dual-Core 2.4GHz CPU、8GB 内存；②开发环境为 64 位 Windows 10 专业版操作系统、JDK1.6、Eclipse Mars 4.5 开发平台；③开发语言为 Java 语言；④开发工具为 Tomcat v7.0、SecondString.jar。

为了对模型中各功能模块算法的有效性进行测试，本节开展了两个主要实验来对它们进行验证：

1）基于配置对象生成多个 Key。程序通过自定义配置对象，以选择某些重要属性的方式来生成符合要求的 Key。程序的输入是 Cora 数据集中的任一条记录，以及一个自定义配置对象数组，输出是多个 Key（如 4 个）。

2）基于并查集合并相似记录。程序基于在聚类结果中新检测到的相似关系，并利用并查集的操作方式来合并初始聚类结果中潜在相似的记录。程序的输入是作为初始聚类结果的第 1 趟聚类结果，以及第 2 趟聚类结果中的相似关系，输出是其中相似记录被进一步合并后的初始聚类结果。

另外，程序实现中所用到的 Java 程序函数及其功能描述如表 5.3 所示。

表 5.3　程序实现中所用到的 Java 程序函数及其功能描述

函数名称	功能描述
String **generateKey**(Record rec, Config[] config)	基于对象数组中给定的属性及操作方式，在相应的记录上计算一个字符串，并将其作为 Key 返回
int **find**((RepresentativeRecordSet d, Record r)	在记录簇组成的集合中（代表记录集）查找是否存在包含指定记录的记录簇。如存在，则返回该记录簇的 ClusterID，否则返回-1
RepresentativeRecordSet **union**(RepresentativeRecordSet d, Record r1, Record r2)	先对记录 r1，r2 分别调用 Find 算法以在记录簇集中查找是否存在分别包含这两条记录的记录簇，如存在两个不同的记录簇，则将这两个记录簇进行合并，并返回内部记录簇被更新后的记录簇集
RepresentativeRecordSet **transitiveClosure** (RepresentativeRecordSet d, RepresentativeRecordSet s)	基于记录簇集 *s* 中的相似关系来合并记录簇集 *d* 中的记录簇，在合并过程中调用 Union 算法来实现，最后返回内部记录簇被更新后的记录簇集 *d*

1. 基于配置对象生成多个 Key

图 5.7 中显示了程序为每条记录生成 4 个 Key 的情形（按记录 ID 的顺序进行排序）。

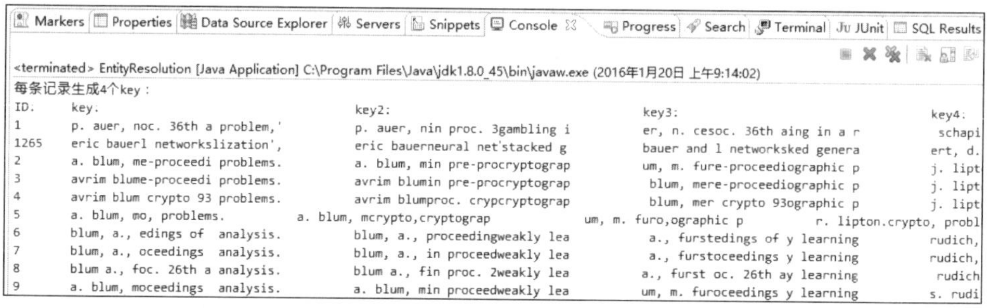

```
Markers | Properties | Data Source Explorer | Servers | Snippets | Console | Progress | Search | Terminal | JUnit | SQL Results
<terminated> EntityResolution [Java Application] C:\Program Files\Java\jdk1.8.0_45\bin\javaw.exe (2016年1月20日 上午9:14:02)
每条记录生成4个key：
ID.     key.                                   key2:                              key3:                              key4:
1       p. auer, noc. 36th a problem,'         p. auer, nin proc. 3gambling i     er, n. cesoc. 36th aing in a r     schapi
1265    eric bauerl networkslization',         eric bauerneural net'stacked g     bauer and 1 networksked genera     ert, d.
2       a. blum, me-proceedi problems.         a. blum, min pre-procryptograp     um, m. fure-proceediographic p     j. lipt
3       avrim blume-proceedi problems.         avrim blumin pre-procryptograp     blum, mere-proceediographic p      j. lipt
4       avrim blum crypto 93 problems.         avrim blumproc. crypcryptograp     blum, mer crypto 93ographic p      j. lipt
5       a. blum, mo, problems.        a. blum, mcrypto,cryptograp        um, m. furo,ographic p        r. lipton.crypto, probl
6       blum, a., edings of  analysis.         blum, a., proceedingweakly lea     a., furstedings of y learning      rudich,
7       blum, a., oceedings  analysis.         blum, a., in proceedweakly lea     a., furstoceedings y learning      rudich,
8       blum a., foc. 26th a analysis.         blum a., fin proc. 2weakly lea     a., furst oc. 26th ay learning     rudich
9       a. blum, moceedings  analysis.         a. blum, min proceedweakly lea     um, m. furoceedings y learning     s. rudi
```

图 5.7　给记录生成多个 Key

程序通过 4 个不同的自定义配置对象数组，可高效快速地生成 4 个 Key：

1）[new Config("authors",1), new Config("venue", 2), new Config("title",3)]。

2）[new Config("authors",1), new Config("venue", 1), new Config("title",1)]。

3）[new Config("authors",2), new Config("venue", 2), new Config("title",2)]。

4）[new Config("authors",3), new Config("venue", 3), new Config("title",3)]。

通过对比分析这 4 个不同的自定义配置对象数组可发现，对于同一个属性而言，只要给每个配置对象提供一个不同的数字（1、2 和 3 分析表示不同的操作方式），程序就可基于该配置对象在该属性值上截取一个不同的子字符串。因此，对于每一个配置对象数组而言，程序只要将在各属性值上截取的子字符串串接起来即可得到一个 Key。

该实验表明，由于提出的方法具有方案灵活、成本低、适应性强和易于工程实现等特点，因此能满足方便生成具有较好识别力的 Key 的需求。

2. 基于并查集合并相似记录

图 5.8 中显示的是初始聚类结果，该结果通过实体解析方法，并基于 Key1 在数据集上进行解析后得到，即第 1 趟聚类结果。图 5.8 中的每一行代表聚类结果中的一个记录簇，用 ClusterID 进行标识。每个记录簇所包含的相似记录保存在方括号内，其中的数字是记录的 ID。为了便于分析记录簇内部的构成，程序对记录簇内部的相似记录按其 ID 从小到大进行排序。

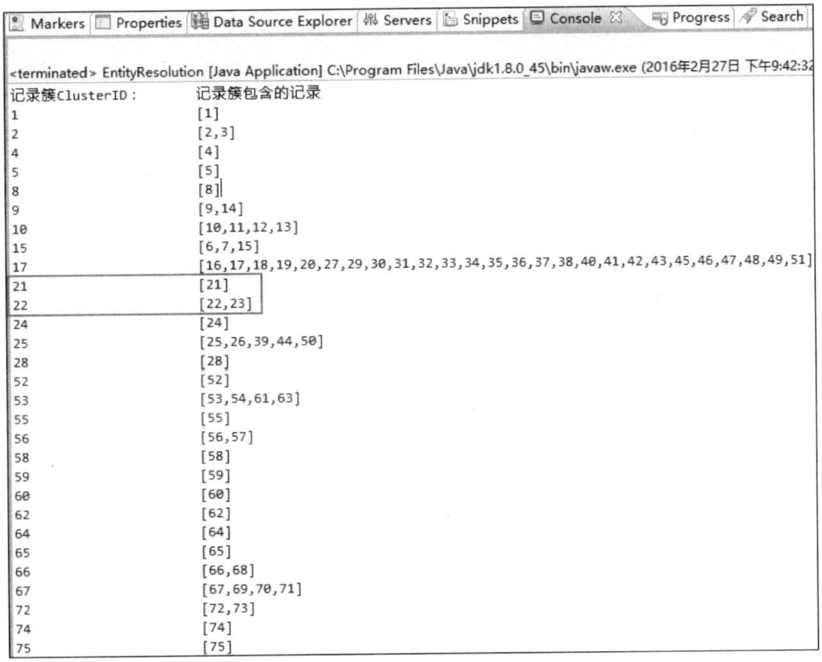

```
Markers | Properties | Data Source Explorer | Servers | Snippets | Console ⊠ | Progress | Search

<terminated> EntityResolution [Java Application] C:\Program Files\Java\jdk1.8.0_45\bin\javaw.exe (2016年2月27日 下午9:42:3
记录簇ClusterID:        记录簇包含的记录
1                       [1]
2                       [2,3]
4                       [4]
5                       [5]
8                       [8]
9                       [9,14]
10                      [10,11,12,13]
15                      [6,7,15]
17                      [16,17,18,19,20,27,29,30,31,32,33,34,35,36,37,38,40,41,42,43,45,46,47,48,49,51]
21                      [21]
22                      [22,23]
24                      [24]
25                      [25,26,39,44,50]
28                      [28]
52                      [52]
53                      [53,54,61,63]
55                      [55]
56                      [56,57]
58                      [58]
59                      [59]
60                      [60]
62                      [62]
64                      [64]
65                      [65]
66                      [66,68]
67                      [67,69,70,71]
72                      [72,73]
74                      [74]
75                      [75]
```

图 5.8 初始聚类结果

此外，通过与数据集中实际的记录分组情形进行对比发现，初始聚类应将某些相似记录划分到同一个记录簇，但将其划分到了两个不同的记录簇中。例如，图 5.8 中的记录簇[21]和[22,23]（方框部分）。这意味着通过对数据集进行一趟扫描，实体解析方法并不能完全发现相似的记录并将它们划分到同一记录簇中。

```
Markers  Properties  Data Source Explorer  Servers  Snippets  Console
<terminated> EntityResolution [Java Application] C:\Program Files\Java\jdk1.8.0_45\bin\javaw.exe (
记录簇ClusterID：           记录簇包含的记录
1                          [1]
2                          [2,3]
4                          [4]
5                          [5]
7                          [6,7,15]
8                          [8]
9                          [9,14]
11                         [10,11,12,13]
22                         [21,22,23]
24                         [24]
31                         [16,18,19,31,32,34,35,40,42,43,48,49,51]
38                         [17,20,25,26,27,28,29,30,33,36,37,38,39,41,44,45,46,47,50]
52                         [52]
53                         [53,54,61,63]
55                         [55]
56                         [56,57]
58                         [58]
59                         [59]
60                         [60]
62                         [62]
64                         [64]
65                         [65]
66                         [66,68]
67                         [67,69,70,71]
73                         [72,73]
74                         [74]
75                         [75]
76                         [76,77]
78                         [78,79]
```

图 5.9　第 2 趟聚类结果

图 5.9 中显示的是第 2 趟聚类结果，通过实体解析方法，并基于 Key2 在数据集上进行解析后得到。从图 5.9 中可以看出，该聚类结果中包含大部分令人满意的记录簇，即形成的记录簇与数据集中实际的记录分组情形较类似，但有些记录簇的构成与前一趟所形成的记录簇的构成并不完全相同。例如，ID 为 21、22 和 23 的 3 条记录被划分到了同一个记录簇[21,22,23]，其 ClusterID 为 22（方框部分），而不是像前一趟那样被划分到两个不同的记录簇[21]和[22,23]。

很显然，这些位于同一个记录簇的记录之间存在相似关系，本节程序的作用是有效利用后续趟中聚类结果中的相似关系来合并初始聚类结果中位于不同记录簇的相似记录。

图 5.10 中显示了程序利用第 2 趟聚类结果中的相似关系来合并初始聚类结果中位于不同记录簇的相似记录的部分结果，其实质上就是某些相似记录被进一步合并后的初始聚类结果。

```
<terminated> EntityResolution [Java Application] C:\Program Files\Java\jdk1.8.0_45\bin\javaw.exe (2016年1月21日 下午9:31:35)
17            [16,17,18,19,20,25,26,27,28,29,30,31,32,33,34,35,36,37,38,39,40,41,42,43,44,45,46,47,48,49,50,51]
nicolo cesa-bianchi, yoav freund, david p. helmbold, david haussler, robert e. schapire, and manfred k. warmuth.:9,n.
cesa-bianchi, y. freund, d.p. helmbold, d. haussler, r.e. schapire, and m.k. warmuth.:4,n. cesa-bianchi, y. freund, d.
p. helmbold, d. haussler, r. e. schapire, and m. k. warmuth.:2,n. cesa-bianchi, y. freund, d. helmbold, d. haussler, r.
schapire, and m. warmuth.:2,n. cesa-bianchi, y. freund, d. helmbold, d. haussler, r. schapire, and m. k. warmuth.:1,n.
cesa-bianchi, y. freund, d. haussler, d.p. helmbold, r.e. schapire, and m. k. warmuth.:1,n. cesa-bianchi, y. freund, d.
helmbold, d. haussler, r. schapire, and m.:1,n. cesa-bianchi, y. freund, d. helmbold, d. haussler, r. schapire, and m.
war-muth.:1,n. cesa-bianchi, y. freund, d.h. helmbold, d. haussler, r.e. schapire, and m.k. warmuth,:1,nicolo
cesa-bianchi, yoav freund, david p. helmbold, david haussler, robert e schapire, and manfred k warmuth.:1,nicolo
cesa-bianchi, yoav freund, david p. helm-bold, david haussler, robert e. schapire, and man-fred k. warmuth.:1,nicolo
cesa-bianchi, yoav freund, david p. helmbold, david haus-sler, robert e. schapire, and manfred k. warmuth.:1,nicolo
cesa-bianchi, yoav freund, david p. helm-bold, david haussler, robert e. schapire, and manfred k. warmuth.:1,n.
cesa-bianchi, y. freund, d.p. helmbold, d. haussler, r.e. schapire, and m.k. warmuth.:3,n. cesa-bianchi, y. freund, d.
haussler, d. p. helmbold, r. e. schapire, m. k. war-muth.:1,n. cesa-bianchi, y. freund, d. haussler, d.p. helmbold, r.e.
schapire, m. k. warmuth.:1,n. cesa-bianchi, y. freund, d. p. helmbold, d. haus-sler, r. e. schapire, and m. k.
warmuth.:1]
21            [21,22,23]              [cesa-bianchi, n., freund, y., helmbold, d. p., haussler, d., schapire,
r. e., & warmuth, m. k.:1,cesa-bianchi, n., freund, y., helmbold, d., & haussler, d.:1,cesa-bianchi, n., freund, y.,
helmbold, d., haussler, d., schapire, r., and warmuth, m.:1]
24            [24]              [cesa-bianchi, n., y. freund, d. p. helmbold, d. haus-sler, and r. e. schapire a
nd m. k. warmuth.:1]
52            [52]              [n. cesa-bianchi, y. freund, d. p. helmbold, d. haussler, r. e. schapire, and m.
k.:1]
53            [53,54,61,63]              [n. cesa-bianchi, y. freund, d. p. helmbold, and m. warmuth.:3,n.
cesa-bianchi, y. freund, d. p. helm-bold, and m. warmuth.:1]
55            [55]              [cesa-bianchi, n., freund, y., helmbold,:1]
56            [56,57]              [cesa-bianchi, n., freund, y., helmbold, d. p., and warmuth, m.:2]
58            [58]              [cesa-bianchi, n., y. freund, d. p. helmbold, and m. warmuth.:1]
59            [59]              [n. cesa-bianchi, y. freund, d. p. helmbold, and m. warmuth.:1]
60            [60]              [n. cesa-bianchi, y. freund, d.p. helmbold, and m. warmuth.:1]
62            [62]              [n. cesa-bianchi, y. freund, d. helmbold, and m.k. warmuth.:1]
```

图 5.10 相似记录被进一步合并后的初始聚类结果

通过将图 5.10 与图 5.8 中的初始聚类结果进行对比发现：①ClusterID 为 17 的记录簇保留了在合并前初始聚类结果中所包含的记录，并没有因为其中的记录在第 2 趟聚类结果中位于两个不同的记录簇而发生变化，说明程序能很好地处理第 2 趟聚类结果中新检测到的相似关系与初始聚类结果中已有的相似关系，②ClusterID 为 21 的记录簇中此时包含 3 条记录[21,22,23]，说明程序利用了第 2 趟聚类结果中的相似关系，将最初在初始聚类结果中并未聚在一起的记录聚在一起。

该实验表明，由于提出的方法具有易于实现、准确定位和适用性较强等特点，因此能有效利用每趟解析中的相似关系，以及 ClusterID 属性值的修改方式来改善潜在相似记录的合并效果，从而让基于合并后记录簇产生的代表记录的代表性进一步增强。

5.5.4 实验结果分析

为了对基于并查集的相似记录聚类的效果进行评测，本节将其与基于相似关系的传递闭包计算方法的性能进行对比[100]。为了方便对比分析，下面将前者称为相似记录聚类方法，后者称为传递闭包计算方法。由于两种方法都认为参与计算的各属性同等重要，因此没有考虑属性的权值。

按照实验过程利用相似记录聚类方法及传递闭包计算方法分别对实验所用数据进行处理，并从不同 Key 对两种方法运行效果的影响方面对实验结果进行分析。

表 5.4 中显示了相似记录聚类方法与传递闭包计算方法在两个不同 Key 下的实验结果。表 5.4 中每行数字显示的是两种方法在大约 100000 条记录上进行一次测试的结果，其中，"记录簇的构成"列的内容表示随机生成记录簇的方式。

表 5.4　两个不同 Key 下相似记录聚类方法与传递闭包方法的实验结果

记录簇的构成	初始聚类结果中记录簇	相似记录聚类方法				传递闭包计算方法			
		Key1		Key2		Key1		Key2	
		时间/s	记录簇	时间/s	记录簇	时间/s	记录簇	时间/s	记录簇
10000 个记录簇，每个包含 10 条记录（共 100000 条记录）	10433	329	10212	301	10108	338	10304	312	10128
1000 个记录簇，每个包含 100 条记录（100000）	1314	505	1116	478	1012	529	1229	502	1128
100 个记录簇，每个包含 1000 条记录（100000）	196	512	152	481	124	533	180	510	162
10 个记录簇，每个包含 10000 条记录（100000）	209	510	178	480	143	535	201	502	178
1 个记录簇，其中包含 100000 条记录	206	511	157	483	129	534	181	506	162
5 个记录簇，每个包含 20000 条记录（100000）	209	514	162	486	123	538	193	510	162
50 个记录簇，每个包含 2000 条记录（100000）	295	511	246	481	218	542	279	512	241
500 个记录簇，每个包含 200 条记录（100000）	604	508	568	477	529	529	591	501	562
5000 个记录簇，每个包含 20 条记录（100000）	5463	670	5224	634	789	698	5356	659	5123
500 个记录簇，平均分成 4 类，每类包含记录数量分别为 80，160，240，320（100000）	641	615	582	581	559	647	612	602	584
100000 个记录簇，其中 80%包含 2 条记录，10%包含 3 条记录，5%包含 4 条记录，2.5%包含 5 条记录，2.5%包含 6 条记录（237500）	102493	290	102289	152	102148	345	102423	313	102012

在每次随机给定记录簇构成（数据集）的情况下，作者先对数据集进行一次实体解析以得到初始聚类结果（通常，初始聚类结果中记录簇数量会大于预先给定的数量，因为解析过程会出现偏差），再用两种方法在该聚类结果中查找遗漏的相似记录。

当两种方法分别基于各自的 Key1 来迭代查找初始聚类结果中的相似记录时，所需时间相对偏少，为 300～600s，这主要是因为所计算集合的元素是作为记录标识符的整数（1～n），而非字符串对象，所以改善了相似记录聚类时的效率。尽管如此，但相似记录聚类方法所需的时间比传递闭包计算方法略少一些，相差10～20s，这是因为前者生成 Key 的质量相对较高，所以更可能让潜在相似的记录在排序后位置上靠近一些。

在第 1 趟合并后的记录簇数量方面，两种方法所得到的结果都小于初始聚类结果中记录簇数量，但都大于给定的记录簇数量，说明这两种方法都发现了遗漏的相似记录并将它们所在的记录簇进行了合并，从而导致合并后的总记录簇数量减少。属性值本身存在的质量问题导致生成的 Key 不能如实反映潜在的相似记录，因此合并后的总记录簇数量仍然大于给定的记录簇数量。

当两种方法分别基于各自的 Key2 再次迭代查找初始聚类结果中的相似记录时，所需时间相比各自第 1 次迭代均有所减少，降幅均在 10%左右，这主要是因为之前基于 Key1 的记录簇合并过程使合并后的记录簇数量更接近实际给定的数量，从而让计算每个记录簇的相似关系所需的计算次数变少。另外，相似记录聚类方法在两趟合并过程后所需的总时间要比传递闭包计算方法少，说明前者更具有优势。

在第 2 趟合并后的记录簇数量方面，两种方法所得到的结果同样都小于第 1 趟合并后的记录簇数量，但都大于给定的记录簇数量，说明两种方法都进一步发现了遗漏的相似记录并将它们所在的记录簇进行了合并，从而导致合并后的总记录簇数量进一步减少。同样，属性值本身存在的质量问题导致合并后的总记录簇数量仍然大于给定的记录簇数量。值得说明的是，相似记录聚类方法经过两趟合并后所获得的记录簇数量更接近实际的给定数量。

总的来看，尽管两种方法均采用基于 Key 对数据集进行排序、利用并查集的 Find 和 Union 操作方法来帮助发现遗漏的相似记录，但生成的 Key 的质量和相似关系的计算方式会对发现过程产生一定的影响，尤其是在构成的记录本身存在数据质量问题的情况下。

5.5.5　实验结论

通过在实际数据集上进行的一系列实验表明，本章提出的相似记录聚类模型是合理可行的。基于通过自定义配置策略生成的高质量 Key、记录间的相似关系、相似关系具有传递性这一性质，以及利用并查集结构的操作方式，该模型能够在多趟扫描过程中简单、高效地将潜在相似记录尽可能地聚类到一起。总体来说，该模型的优点主要表现在如下 3 个方面：

1）采用灵活的 Key 生成策略，可进一步提高聚类精度。针对属性值中可能存在的数据质量问题，通过选取不同属性的方法可自定义生成有利于发现相似记录的 Key。这样生成的 Key 会使潜在相似的记录紧密地相邻，从而缩小记录的比较范围。

2）利用每趟聚类结果中的相似关系，可进一步提高聚类效率和精度。利用同一趟聚类结果中记录簇内记录间的相似性，以及不同趟聚类结果中记录簇间的相似关系具有传递性来计算传递闭包，这将使在短时间内精确识别出相似记录成为可能，并可避免大量不必要的比较。

3）基于并查集实现相似记录的聚类，可显著提高聚类效率。通过使用并查集中的两种操作方式来修改记录 ClusterID 属性上的值来有效实现记录簇的增量式合并过程，不仅能让相似记录聚类过程的实现趋于快速、简便，而且能显著减少聚类过程中所需要的其他额外存储空间。

本 章 小 结

本章对基于并查集的相似记录聚类模型构建的技术路线进行了阐述，并对一些概念进行适当的定义以方便形式化描述该模型。在此基础上，从基于重要属性生成高质量 Key、基于多趟扫描结果计算传递闭包，以及基于并查集合并相似记录 3 个方面对相似记录聚类模型进行了设计，并对这 3 个方面涉及的具体功能模块给出了具体实现方法。由于在多趟排序、比较操作过程中使用灵活的 Key 生成策略、利用每趟聚类结果中的相似关系，以及结合并查集中两种基本操作方式来实现相似记录的合并，因此模型使相似记录的合并过程更加快速而准确，使基于记录簇产生的代表记录的代表性进一步增强。

第 6 章　基于代表记录的记录簇调整模型构建方法研究

相似记录聚类模型能最大化地将数据集上潜在相似的记录聚类到一起形成一系列相对完整的记录簇（聚类结果），以及一系列更具代表性的代表记录（代表记录集）。此时数据集被认为是“干净”的，因为其中大部分相似记录被解析并聚类到一起[2]。然而，随着数据集因新增、删除和更新记录而不断被修改、演化，聚类结果中的记录簇、记录簇内部的记录，以及与记录簇关联的代表记录也应做出相应调整，以反映在数据集上进行这些操作时所带来的变化。因此，构建一个有助于优化其调整过程的模型以让记录簇调整过程整体上快速有效，将在增量实体解析研究中起着重要的作用。本章围绕如何在数据集不断演化时基于代表记录集，让相关的记录簇进行快速、有效的自适应调整这一关键问题展开研究，提出了基于代表记录的记录簇调整模型。

6.1　记录簇调整模型构建方法的技术路线

增量实体解析过程始于在数据集上进行的 3 种操作：新增、删除和更新。现有针对增量操作的增量解析过程的研究主要通过在相似图形上进行划分的方式来开展工作，但是，这种划分过程涉及较高的计算复杂度，并且很难找到一种精确的划分方法，因而不太适合大数据环境下的增量实体解析。

鉴于此，本章提出使用基于代表记录的记录簇调整模型，通过基于每次操作得到的候选代表记录来让记录簇做出自适应调整，并在必要时更新与记录簇关联的代表记录，让增量实体解析过程整体上得以快速、有效地实现。基于代表记录的记录簇调整技术路线如图 6.1 所示。

具体来说，本章对技术路线中的 3 个主要方面进行研究：

1）确定潜在相似的代表记录，让数据集上的修改仅在相关的“区域”得到反映[101]。给定一条增量记录，针对该记录的每个属性，在代表记录集（由与记录簇关联的代表记录组成）中分别找出在当前对应属性上二者的属性值相似（Jaccard 相似）的前 K 条代表记录，这 K 条代表记录就是一组候选代表记录。这样，在每个属性上进行一次查找操作就可得到一组候选代表记录。最后，对得到的这几组

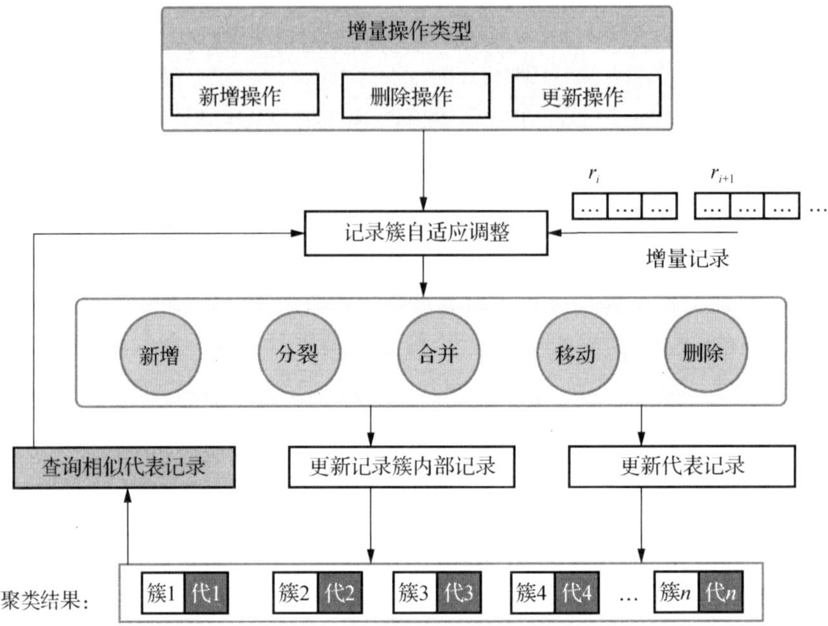

图 6.1　基于代表记录的记录簇调整技术路线

候选代表记录进行综合考虑以确定哪些代表记录与增量记录潜在相似。

2）自适应地调整相关的记录簇，让调整过程基于少量确定的代表记录，并尽可能地修正此前聚类结果中存在的错误，而不是基于费时的目标函数（objective function）[30]。一旦确定了潜在相似的代表记录，也就确定了相关的记录簇，此时，即可让记录簇基于这些确定的代表记录、增量记录，以及增量操作做出自适应调整，如新增记录簇、分裂记录簇、合并记录簇、删除记录和记录簇本身，以及将记录从一个记录簇移动到另一个记录簇。

3）更新记录簇的代表记录，为后续增量解析过程提供正确的参照从而减少不必要的比较次数[24,54]。一旦某些记录簇出现变化，则与其关联的代表记录也应做出相应调整。代表记录的更新过程只有两种情形：①产生新的代表记录；②修改原有代表记录的内容。这一更新过程具体涉及代表记录所代表的一些记录 ID（recIDs 属性中的值），以及字符串列表中的字符串及其出现频次（除 recIDs 属性外，其他参与相似性计算的属性中的值）。

6.2　相 关 定 义

为了让相关的记录簇在增量操作下进行自适应调整，在设计基于代表记录的记录簇调整模型之前，作者先对一些概念进行适当的定义以方便形式化描述该模型。定义 6.1 定义什么是数据集上的增量操作和增量记录；定义 6.2 定义如何通过相似性查询[86,102]来从代表记录集中返回与增量记录相似的若干代表记录。

6.2.1　增量操作与增量记录

定义 6.1（增量操作）：给定一个数据集，在数据集上进行新增、删除和更新记录的操作统称为增量操作，增量操作涉及的记录称为增量记录，并且增量记录的属性模式与数据集中记录的属性模式基本一致。它们在数据集上的具体操作过程为

1）新增操作（insert）：往数据集中插入一条记录，插入的记录就是新增操作涉及的增量记录。

2）删除操作（delete）：在数据集中删除一条记录，删除的记录就是删除操作涉及的增量记录。

3）更新操作（update）：更新数据集中一条记录，实质上是更新现有记录的一个或多个属性值，更新的记录就是更新操作涉及的增量记录。值得注意的是，更新操作可通过首先删除旧的记录，然后插入一条新的记录来实现。但是，有时考虑直接更新其属性值可能会更有效。

6.2.2　相似性查询

定义 6.2（相似性查询）：给定增量记录α，代表记录集R，查询的属性为s_j，α和R在s_j上的相似性查询操作返回所有满足以下条件的记录对(α, r_i)：

1）$r_i \in R(1 \leqslant i \leqslant n)$，其中，代表记录集$R$的大小为$n$。

2）$\text{Jaccard}(\alpha.s_j, r_i.s_j) \geqslant \theta_j (1 \leqslant j \leqslant k)$，其中，参与计算的对应属性的个数为$k$，$\theta_j$为用户指定的对应于属性$s_j$的相似性阈值。Jaccard() 函数用于计算两对应属性值的 Jaccard 相似性值。

6.3　记录簇调整模型的设计

为了让在数据集不断演化时相关的记录簇能够进行快速、有效的自适应调整，针对现有方法中存在的不足，本节设计记录簇调整模型时基于以下思路：针对每次增量操作类型、增量记录，首先基于代表记录集确定与之相关的记录簇（实质上通过确定相关的代表记录而得到），然后在这些相关的记录簇之间进行合并、删除等自适应调整，最后更新调整后的记录簇的代表记录。

基于上述思路，本章在设计记录簇调整模型时主要考虑以下 3 个功能模块：潜在相似代表记录的确定模块（如何在代表记录集中找出潜在相似的代表记录，其中代表记录关联着一个记录簇）、相关的记录簇自适应调整模块（如何仅在找出的相关记录簇之间进行有效的调整）和记录簇的代表记录更新模块（如何更新调整后的记录簇的代表记录），如图 6.2 所示。

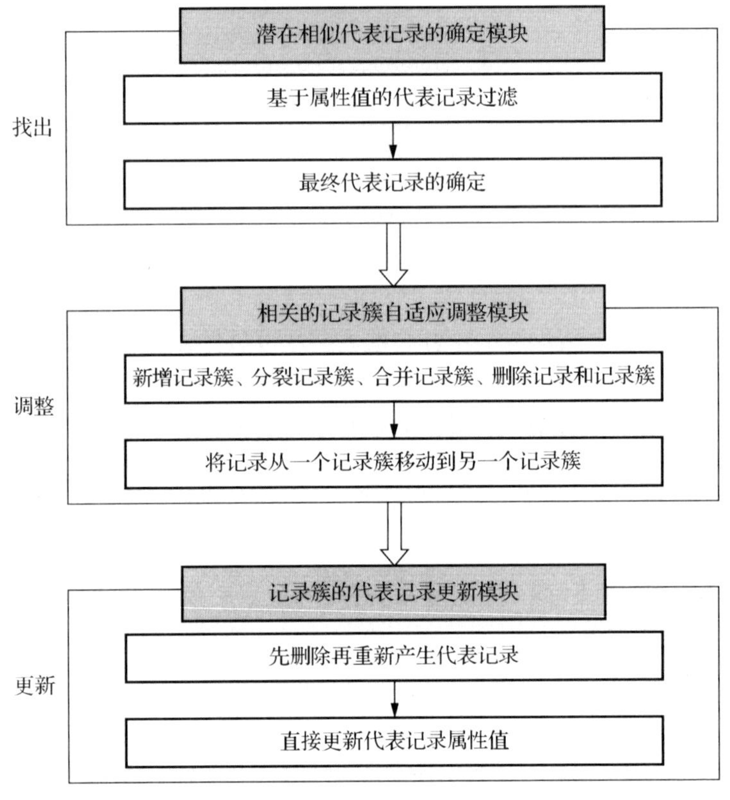

图 6.2　记录簇调整模型

6.3.1　潜在相似代表记录的确定模块的设计

为了确定与增量记录潜在相似的若干代表记录，本节主要通过以下思路来设计潜在相似代表记录的确定过程：在给定增量记录的情况下，从代表记录集中过滤出在某个对应属性上与给定增量记录最有可能潜在相似的代表记录，即 Jaccard 相似性值较大的 K 条代表记录。这样，在几个不同的对应属性上会得到几组不同的潜在相似的代表记录，对这几组进行综合考虑以确定最终与增量记录潜在相似的若干代表记录。

具体来说，这一设计过程可以概括为以下 3 个方面：

1）基于增量记录的其中一个属性值在代表记录集中查找出对应属性上与该属性值相似（Jaccard 相似）的前 K 条代表记录，并将它们作为一组候选代表记录，这里，代表记录用其 ID 来表示。

2）针对增量记录的其他属性值可以得到类似的几组候选代表记录，其中得到的具体组数依据参与相似性计算的属性个数而定。

3）对得到的所有候选代表记录组内部的所有元素进行求交集运算，以确定最终与增量记录潜在相似的代表记录。

为了进一步理解潜在相似代表记录的确定过程，下面以图 6.3 为例来进行详细分析。当考虑增量记录的某个属性上的相似性时（如属性 authors），实际上是计算增量记录属性上的值（字符串）与代表记录对应属性上的值（字符串列表）之间的 Jaccard 相似性值，并看它是否大于给定的相似性阈值。如果大于，则将当前参与计算的代表记录加入候选代表记录队列中，同时保存当前计算出的相似性值。在代表记录集中的满足当前属性 Jaccard 相似性值的代表记录会被过滤出并保存到队列中。此时，只需将队列中过滤出的代表记录按其计算出的相似值从大到小进行排序，并将排在前面的 K 条代表记录作为一组考虑的候选对象即可。图 6.3 中的数字①所示的队列中只显示了 5 个元素（K=5），每个元素由两部分组成：代表记录 ID 和计算出的 Jaccard 相似性值，它们按其 Jaccard 相似性值从大到小排列。

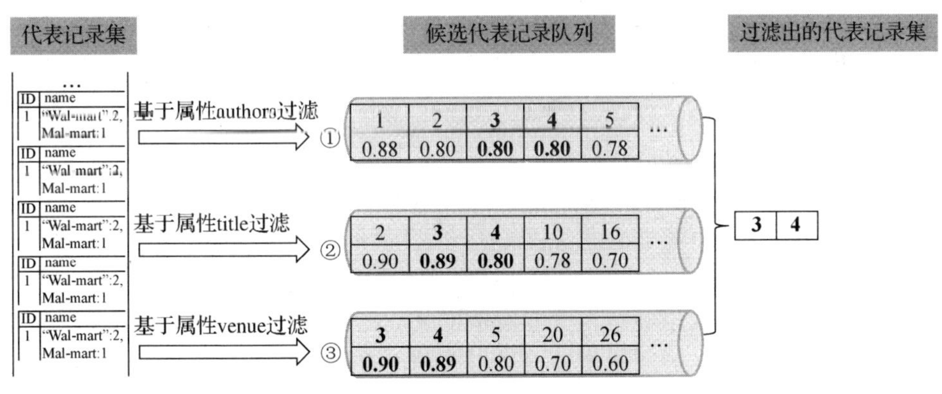

图 6.3　确定候选代表记录集

同理，我们可以基于增量记录的其他属性（如属性 title、venue）得到其他队列，如图 6.3 中的数字②、③所示，它们共同构成了 3 组候选代表记录集。

通过对图 6.3 中 3 个队列进行比较可以发现，通过几个不同的属性来过滤代表记录集中的代表记录时，会分别得到几个包含若干过滤出的排列顺序不同的代表记录的队列。从一般常识来看，每个队列中包含的代表记录在当前属性上是最有可能与增量记录相似的，但也可能有例外，即在相似性上出现差异，这是因为属性值上可能存在数据质量问题。为了克服在每个队列中可能存在的差异性，本节通过对多个队列中的元素进行求交集来发现共同元素，从而排除例外的代表记录，并将得到的共同元素作为可能与增量记录潜在相似的代表记录。这种将多个属性上的相似性情形进行综合考虑的方式符合判定记录间是否彼此相似的基本方式的要求[19]。

由于 ID 为 3、4 的代表记录都出现在图 6.3 的 3 个队列中，因此它们最有可能与增量记录潜在相似。这是因为如果两条代表记录与增量记录在 3 个对应属性上都彼此相似，那么它们是最有可能与增量记录潜在相似的代表记录。

6.3.2 相关的记录簇自适应调整模块的设计

当确定了与增量记录潜在相似的若干代表记录后，也就确定了相关的若干记录簇，因为每条代表记录关联着一个记录簇。为了仅让这些相关的记录簇在增量操作下进行自适应调整，本节主要通过以下思路来设计这一调整过程：针对每次增量操作类型，并依据相关记录簇的有无来向聚类结果中新增记录簇，删除、分裂或合并现有记录簇，以及将记录从一个记录簇移动到另一个记录簇。图 6.4 中右侧显示较具体的记录簇及其调整过程，其中每个圈表示一个记录簇，圈内的结点表示记录，所有结点彼此相似，点之间的连线表示它们彼此间的相似性值大于给定阈值。值得说明的是，这些调整过程不是孤立的而是相互作用、相互影响的，即随机出现的一种调整过程可能会引起后续其他相关调整过程的出现，这恰恰是本章提出的增量实体解析方法的核心所在。

具体来说，这一设计过程可以概括为以下 5 个方面：新增记录簇、分裂记录簇、合并记录簇、删除记录及记录簇，以及在记录簇间移动记录。

1. 新增记录簇

新增一个记录簇可以概括为给定增量记录，且在代表记录集中没有发现与之潜在相似的代表记录，表明该增量记录不属于现有聚类结果中的某个簇，此时就需要在现有聚类结果中新增一个包含该增量记录的记录簇。新增记录簇这一调整过程主要由以下两种操作引起：

1）往数据集中新增一条记录，同时在代表记录集中没有查找到与之潜在相似的代表记录（新增操作）。

2）从任何其他记录簇中移出一条记录，实质上相当于新增一条记录，同时也没有找到与之潜在相似的代表记录（更新操作）。

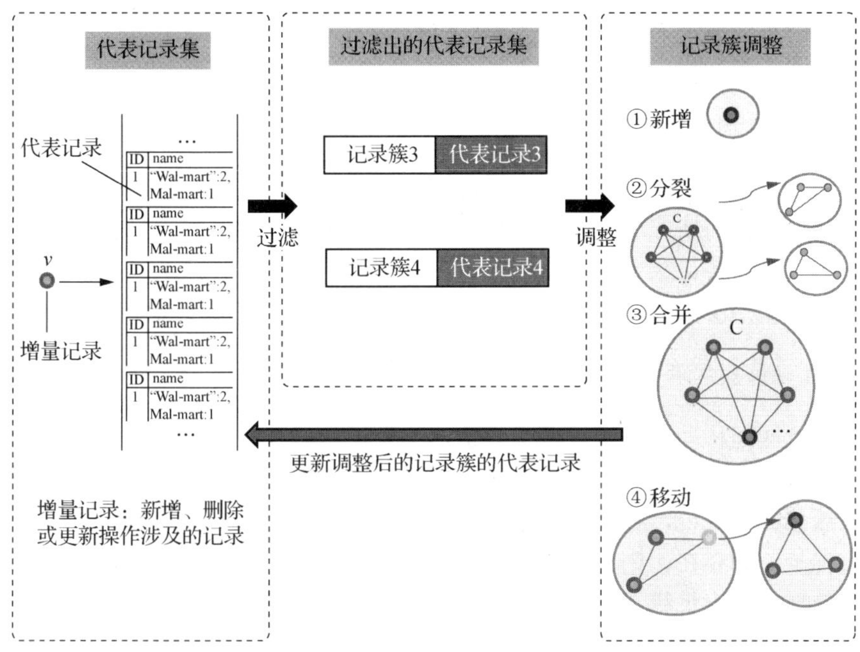

图 6.4　记录簇的调整过程

2. 分裂记录簇

分裂记录簇可以概括为给定一个包含若干记录的记录簇，其中有一条记录所包含的信息相对比较完整，即每个属性上的值都相对较完整，当该记录被更新时（属性值被更新），将导致基于它产生的代表记录也要做出相应更新，而更新后的代表记录可能无法代表记录簇中的其他记录，因此需要让它们分裂出去以形成一个新的记录簇或合并到其他记录簇以反映记录簇的真实情况，即最可能相似的记录应尽可能地聚类到一起。

3. 合并记录簇

合并记录簇可以概括为给定增量记录，且在代表记录集中发现了与之潜在相似的若干代表记录，表明该增量记录应该同属于这些代表记录所代表的记录簇中。这样，记录簇的合并过程可细分为以下两种情形：

1）如果发现只有一条与增量记录潜在相似的代表记录，那么增量记录应合并到该代表记录所代表的记录簇中。

2）如果发现一系列与增量记录潜在相似的代表记录，那么需要先将这些与代表记录相关的记录簇合并起来，然后将增量记录加入合并后的记录簇中。这一合并过程可修正此前聚类结果中的错误，因为它将本应在一起而此前并未在一起的记录簇合并起来形成一个记录簇。

4. 删除记录及记录簇

删除记录及记录簇可以概括为给定增量记录，并在已计算出其当前所在记录簇中记录总数量的情况下，依据该数量大小分别采用两种不同的删除方式：如果记录簇中只有一条记录，则直接删除该记录（增量记录）和记录簇，以及关联的代表记录；如果记录簇中有多条记录，则直接从记录簇中删除该记录（增量记录）。

5. 在记录簇间移动记录

在记录簇间移动记录可以概括为给定增量记录，并且其若干属性上的值出现了更新，从而导致其不再属于当前所在的记录簇，因此需要将其移动到与其相似的记录簇。具体来说，在将记录移出所在的记录簇之前，需先查询是否存在相似的代表记录，如存在，则将其移入代表记录所代表的记录簇中，否则在聚类结果中为其新增一个记录簇。

6.3.3 记录簇的代表记录更新模块的设计

当一些记录簇因调整而出现变化时，与其关联的代表记录也应得到及时更新，否则就无法为后续调整过程提供准确的参照，进而无法有利于潜在相似记录的合并或排除，最终无法取得满意的解析效果。为了让记录簇的代表记录能得到及时、有效的更新，本节主要通过以下思路来设计这一更新过程：如果某个记录簇的调整范围不大，并且涉及的属性数量不多，那么就直接对代表记录各属性上的值进行更新，否则，删除原来的代表记录再基于记录簇重新生成新的代表记录。

具体来说，这一设计过程可以概括为以下两个方面：

1）首先在代表记录集中删除选择的代表记录，然后在其中插入一条新的代表记录。新的代表记录通过遍历记录簇内所包含记录产生，这种方式与基于优先队列的代表记录产生方式有着本质的区别，至少前者是在静态情形而非动态情形下产生的。

2）在代表记录集中直接更新选择的代表记录各属性上的值。如果某个记录簇的调整范围不大，且涉及的属性数量不多，则这种方式较为合适。

事实上，代表记录的更新主要涉及两部分属性值上的内容（参考表 1.1）：

1）关键的 recIDs 属性值的更新，它被用来保存代表记录所代表的记录簇内部所有记录的 ID。

2）除 recIDs 属性外，其他参与相似性计算的属性值的更新，这些属性值被用来保存一个字符串列表及各字符串的出现频次。

6.4　记录簇调整模型的实现

6.4.1　潜在相似代表记录的确定模块的实现

1. 基于属性值的代表记录过滤的实现

为了在代表记录集中有效找出与增量记录潜在相似的代表记录，本节提出一种基于属性值的过滤方法，该方法与 Top-k 查询方法[103]类似。Top-k 查询方法关注从排序的数据集中返回前 K 条相关的记录，返回的记录将依据计算出的相似性值从大到小进行排序。事实上，本节所提出过滤方法的过滤原理类似于集合相似性连接（set similarity join），其中匹配的字符串对之间具有较强的相似性[104]。

算法实现主要考虑两个关键问题：第一，如何计算增量记录某个属性上的值与代表记录对应属性上的值之间的相似性。计算二者之间相似性的过程本质上就是计算字符串列表与字符串之间相似性的过程，可采用与前述类似的相似性计算方式（见 4.3.2 节）来加快计算速度。只要计算出的相似性值大于给定阈值，那么就将当前参与计算的代表记录从代表记录集中过滤出来，并和这个相似性值一起保存到队列中。第二，如何从队列中返回相似的前几条记录。按其相似性值从大到小对队列中的代表记录进行排序，这样那些排在前面的记录（如 5 条）将作为相似的记录返回。

具体伪代码算法（FilterCandidatesRep 算法）的实现如下：

输入： 代表记录集 RepRecSet、相似性阈值 sim、属性 name、属性上的值 Str

输出： 最可能潜在相似的 5 条候选代表记录

```
Candidates[] = null;
Top5Candidates[] = null;
for(i = 0; i < RepRecSet.length; i++){
    if(RepRecSet[i].attr == name){
        score = similarity(RepRecSet[i].value, Str);
        //计算 Jaccard 相似性值
        if(score > sim){
            Candidates.add(RepRecSet[i],score);    //保存到队列中
        }
    }
}
Candidates.sort(score);//按相似性值从大到小对数组中的代表记录进行排序
for(i = 0; i < 5; i++){
```

```
        Top5Candidates[i] = Candidates[i];
    }
    return Top5Candidates;
```

2. 计算两个候选代表记录集的交集的实现

考虑保存在队列中的候选代表记录集中包含的代表记录 ID 数量较少（如 5），为了对两个候选代表记录集进行求交集运算，本节采用的方法是，直接迭代遍历两个候选代表记录集中的元素以比较它们是否存在相等的元素。

算法实现主要考虑一个关键问题：如何在一个候选代表记录集中找出与给定代表记录相等的记录。迭代集合以比较当前代表记录的 ID 是否与给定代表记录的 ID 相等，如果相等则将其保存到过滤出的相交子集中。

具体伪代码算法（InterOfCandidatesRep 算法）的实现如下：

```
输入：候选代表记录集 CandidatesRep1、CandidatesRep2
输出：相交的候选代表记录集 InterOfCandidatesRep
InterOfCandidatesRep[] = null;
for(i = 0; i < CandidatesRep1.length; i++){
    for(j = 0; j < CandidatesRep2.length; j++){
        if(CandidatesRep1[i].ID == CandidatesRep2[j].ID){
        //发现相同的代表记录
            InterOfCandidatesRep.add(CandidatesRep1[i]);
            //将相同的代表记录加入相交的候选代表记录集
        }
        break;
    }
}
return InterOfCandidatesRep;      //作为过滤出的代表记录集
```

6.4.2 相关的记录簇自适应调整模块的实现

从上述对记录簇调整过程的阐述可以知道，整个调整过程依据增量操作和增量记录，并基于在代表记录集中的查询结果来自适应地调整聚类结果中记录簇内容。

1. 新增一个记录簇的实现

为了在聚类结果中新增一个记录簇，本节采用的方法是，首先在代表记录集中产生一条代表记录，然后更新它的属性 recIDs 上的值。其中，记录簇用属性 recIDs 上的值来表示。

算法实现主要考虑一个关键问题：如何将来自数据集中的一条普通记录转化成代表记录，并通过更新其属性 recIDs 上的值来表示所代表记录簇内部的记录。具体实现：通过迭代遍历普通记录中每个属性上的值并将它赋到代表记录的对应属性上，并将该记录的 ID 加入代表记录的 recIDs 属性中，表示该记录属于代表记录所代表的记录簇成员。

具体伪代码算法（InsertRecord 算法）的实现如下：

```
输入：记录 Record
输出：代表记录 RepRecord
RepRecord = null;
for(i = 0; i < Record.attrs.count; i++){
    RepRecord.attrs[i] = Record.attrs[i];     //复制属性值
}
RepRecord.recIDs.add(Record.id);//向属性 recIDs 上的值中加入记录 ID
return RepRecord;
```

2. 分裂记录簇的实现

为了让记录簇因内部某条相对完整记录的更新而进行分裂，本节采用的方法是，首先找到增量记录所在的记录簇，并从中删除增量记录，然后查找代表记录集以确定其中是否存在与之相似的代表记录，如没有则调用 InsertRecord 算法为它新增一个记录簇，否则调用 MergeClusters 算法以将它划分到某个记录簇中。

算法实现主要考虑 5 个关键问题：第一，如何将增量记录从其所在记录簇中删除。在代表记录集中确定其所在记录簇对应的代表记录，从代表记录的 recIDs 属性值中删除该增量记录 ID。第二，如何找出那些与增量记录潜在相似的代表记录。先调用 FilterCandidatesRep 算法找出基于某个属性的候选代表记录集，然后调用 InterOfCandidatesRep 算法过滤出最终的代表记录集。第三，如何为增量记录新增一个记录和簇。调用 InsertRecord 算法为它新增一个记录簇。第四，如何将增量记录划分到某个记录簇中。调用 MergeClusters 算法将它划分到某个记录簇中。第五，如何将增量记录划分到其他若干记录簇中。调用 MergeClusters 算法将它划分到若干记录簇中。

具体伪代码算法（SplitCluster 算法）的实现如下：

```
输入：代表记录集 RepRecSet、相似性阈值 sim、增量记录 Record
输出：其内部的记录簇被更新的代表记录集 RepRecSet
Candidates[] = null;
RepRecord[] = null;                          //保存过滤出的代表记录集
for(i = 0; i < RepRecSet.length; i++){   //迭代代表记录集
```

```
    if(RepRecSet[i].recIDs.contains(Record.id))
    //代表记录关联的记录簇中包含增量记录
        RepRecSet[i].recIDs.delete(Record.id)
        //在属性 recIDs 中删除记录 ID
}
InterOfCandidatesRep [] =null;
for(i = 0; i < Record.attrs.count; i++){
//依据每个属性过滤出一组候选代表记录
    Candidates[i]  =  FilterCandidatesRep(RepRecSet, sim, Record.
        attrs[i].name, Record.attrs[i].value)
    //调用 FilterCandidatesRep 算法
}
InterOfCandidatesRep[0] = Candidates[0];
//先将第一个候选代表记录队列保存，并且用作保存交集计算的结果
for(j = 1; j < Candidates.length; j++){
//计算两个候选代表记录集的交集
    InterOfCandidatesRep[0] = InterOfCandidatesRep(InterOfCandidatesRep
       [0], Candidates[j]);        //调用 InterOfCandidatesRep 算法
}
RepRecord = InterOfCandidatesRep[0];
if(RepRecord.length == 0){          //没有找到相似的代表记录
    InsertRecord (Record);          //直接加入记录簇中
}else{                              //找到相似的代表记录
    MergeClusters(RepRecSet, sim, Record)
    //对增量记录 Record 调用 MergeClusters 算法
}
return RepRecSet;
```

3. 合并记录簇的实现

为了对聚类结果中与增量记录相关的记录簇进行合并，同时也将增量记录加入相应的记录簇中，本节采用的方法是，首先在代表记录集中过滤出相关的代表记录，从而得到若干记录簇，然后将这些记录簇合并起来形成一个记录簇（如果只有一个记录簇那么不用进行合并），再将增量记录加入形成的记录簇中。

算法实现主要考虑两个关键问题：第一，如何找出与增量记录潜在相似的代表记录。先调用 FilterCandidatesRep 算法找出基于某个属性的候选代表记录集，然后调用 InterOfCandidatesRep 算法过滤出最终代表记录集。第二，如何进行两种不同的合并过程。依据最终过滤出的代表记录集的大小来决定合并过程，如果大

小是 1，则直接将增量记录加入代表记录所代表的记录簇中；否则，先将代表记录所代表的记录簇进行合并以形成一个记录簇，再将增量记录加入其中。值得一提的是，当最终过滤出的代表记录集内部的代表记录数量大于 2 时，表明增量记录的出现将会修正此前聚类结果中存在的错误，即将这些代表记录所代表的记录簇合并起来形成一个记录簇，而非此前存在的多个记录簇。

具体伪代码算法（MergeClusters 算法）的实现如下：

```
输入：代表记录集 RepRecSet、相似性阈值 sim、增量记录 Record
输出：其内部的记录簇被更新的代表记录集 RepRecSet
Candidates[] = null;
RepRecord[] = null;                  //保存过滤出的代表记录集
InterOfCandidatesRep[] = null;
for(i = 0; i < Record.attrs.count; i++){
//依据每个属性过滤出一组候选代表记录
   Candidates[i] = FilterCandidatesRep(RepRecSet, sim, Record.
      attrs[i].name, Record.attrs[i].value)
   //调用 FilterCandidatesRep 算法
}
InterOfCandidatesRep[0] = Candidates[0];
//先将第一个候选代表记录队列保存，并且用作保存交集计算的结果
for(j = 1; j < Candidates.length; j++){
//计算两个候选代表记录集的交集
   InterOfCandidatesRep[0] = InterOfCandidatesRep(InterOfCandidatesRep
      [0], Candidates[j]);  //调用 InterOfCandidatesRep 算法
}
RepRecord = InterOfCandidatesRep[0];
if(RepRecord.length == 1){
//过滤出的代表记录集中仅包含一条代表记录
   RepRecord[0].recIDs.add(Record.id);  //直接加入记录簇中
}else{                        //过滤出的代表记录集中包含若干条代表记录
   for(k = 1; k < RepRecord.length; k++){
      RepRecord[0].recIDs.add(RepRecord[k].recIDs);
      //通过合并属性 recIDs 上的值来合并记录簇
      RepRecSet.delete(RepRecord[k]);  //删除相应的代表记录
   }
   RepRecord[0].recIDs.add(Record.id);  //直接加入合并后的记录簇中
}
return RepRecSet;
```

4. *在记录簇间移动记录的实现*

为了让增量记录在记录簇间移动记录，本节采用的方法是，首先找到增量记录所在的记录簇并从中删除它，然后将增量记录移入给定的目标记录簇中。其中，记录簇用属性 recIDs 上的值来表示。

算法实现主要考虑两个关键问题：第一，如何将增量记录从所在的记录簇中移出。在代表记录集中先确定增量记录所在记录簇对应的代表记录，然后从代表记录的 recIDs 属性值中删除该增量记录 ID。第二，如何将增量记录移入指定的记录簇。在代表记录集中先确定给定的代表记录，然后往代表记录的 recIDs 属性值中新增该增量记录的 ID。

具体伪代码算法（MoveBetweenClusters 算法）的实现如下：

```
输入：代表记录集 RepRecSet、增量记录 Record、目标记录簇 RepRec
输出：内部的记录簇被更新的代表记录集 RepRecSet
for(i = 0; i < RepRecSet.length; i++){   //删除增量记录 Record
    if(RepRecSet[i].recIDs.contains(Record.id))
    //找到记录所在的记录簇
        RepRecSet[i].recIDs.delete(Record.id)
        //在属性 recIDs 上的值中删除增量记录 ID
}
for(j = 0; j < RepRecSet.length; j++){
//将增量记录 Record 移入到目标记录簇
    if(RepRecSet[j].id == RepRec.id)      //确定目标记录簇
        RepRecSet[j].recIDs.add(Record.id)
        //向属性 recIDs 上的值中加入增量记录 ID
}
return RepRecSet;
```

6.4.3 记录簇的代表记录更新模块的实现

为了基于记录簇内部的记录产生代表记录，本节采用的方法是，迭代遍历记录簇内部的所有记录，并逐步更新代表记录的属性值。

算法实现主要考虑一个关键问题：如何从记录簇内部的所有记录中一次性产生能更好地代表该记录簇的代表记录。首先将迭代遍历到的第一条记录转变成代表记录，然后将该记录的 ID 加入代表记录的 recIDs 属性值中，接着在后续迭代过程中对代表记录参与相似性计算的各属性值进行逐步更新。值得说明的是，其中没有涉及直接对代表记录属性值进行一次更新的简单情形，但在 Java 程序中对此给出了具体实现。

具体伪代码算法（UpdateRepresentativeRecord 算法）的实现如下：

```
输入：记录簇 Cluster
输出：代表记录 RepRec
RepRec = null;
for(i = 0; i < Cluster.size; i++){   //迭代记录簇内的所有记录
    if(i == 0)
        RepRec = Cluster[0];          //将第一条记录作为代表记录
        RepRec.recIDs.add(Cluster[0].id);
        //将第一条记录的 ID 加入 recIDs 属性值中
    else {
        RepRec.recIDs.add(Cluster[i].id);
        //将第 i 条记录的 ID 加入 recIDs 属性值中
        for(j = 0; j < Cluster[i].attrs.size; i++){
        //迭代记录中参与相似性计算的属性
            RepRec.attrs[j] = RepRec.attrs[j] + Cluster[i].attrs[j];
            //将当前记录与代表记录对应属性的值进行并集操作后赋给代表记录
            //对应的属性
        }
    }
}
return RepRec;
```

6.5　记录簇调整模型的评测

6.5.1　实验目的

本实验主要对基于代表记录的记录簇自适应调整方法的有效性进行验证。通过将本章提出的方法与基于相关性聚类的增量解析方法的结果进行对比分析，证明本章提出的方法在快速、有效地让记录簇自适应调整以反映数据集上操作变化时的有效性。

6.5.2　实验数据

1. Cora 数据集

为了让实验过程的评估更具统一性和有效性，在实验过程中采用 Cora 数据集，因此在实验过程中使用的记录属性模式信息、记录分组信息都不会发生变化。

但是，出于速度上的考虑，在实验过程中把保存在后台数据库中的Cora数据集一次性读取到内存中，以方便后续实验过程中所进行的比较、分析等操作。

2. 对Cora数据集进行实体解析得到的聚类结果

利用基于优先队列的实体解析方法对Cora数据集进行实体解析，以得到一个聚类结果，其中包含诸多记录簇及与其关联的代表记录。这些代表记录构成的集合称为代表记录集。为了进一步保证对实验结果分析的客观性，可在每次进行实体解析时基于不同的Key来进行，这样就可得到可信的、细微变化的代表记录集。

3. 随机生成增量记录

为了随机生成一系列增量记录，作者随机地在Cora数据集中进行插入、删除或更新记录操作，主要针对每个字段的特性设计不同的字符串转换函数等。通过这种模拟增量操作的方式得到的一系列增量记录具有以下几个特点：①具有较高的重复比例；②具有足够的规模；③具有分组信息，便于统计和分析数量；④具有足够的多样性。

6.5.3 实验过程

实验中涉及的环境如下：①硬件为Pentium(R) Dual-Core 2.4GHz CPU、8GB内存；②开发环境为64位Windows 10专业版操作系统、JDK1.6、Eclipse Mars 4.5开发平台；③开发语言为Java语言；④开发工具为Tomcat v7.0、SecondString.jar。

为了对模型中各功能模块算法的有效性进行测试，本节开展了两个实验来对它们进行验证：

1）基于属性值的代表记录过滤。程序基于增量记录的一个属性从代表记录集中过滤出在对应属性下与增量记录潜在相似的若干代表记录。程序的输入是一个代表记录集、一条增量记录，输出是查找到的若干代表记录。

2）基于代表记录的记录簇调整。程序将记录从其所在的记录簇移动到其他记录簇，同时更新两个记录簇所对应的代表记录的属性值的内容。程序的输入是一个代表记录集、一条增量记录，输出是一个其内部记录簇调整后的代表记录集。除了调用一些相关的Java API外，程序实现中还系统地调用了模型中其他的功能模块算法。

另外，程序实现中所用到的Java程序函数及其功能描述如表6.1所示。

表 6.1　程序实现中所用到的 Java 程序函数及其功能描述

函数名称	功能说明
List<RepresentativeRecord> **topKCandidates**(RepresentativeRecordSet rrs, MatchingRecord mr, String attr)	基于增量记录和某个属性，在代表记录集合中查找与增量记录潜在相似的代表记录集，最后返回该代表记录集
String **getRepRecIDs**(List<RepresentativeRecord> rrList)	以字符串形式返回给定代表记录集中每个代表记录的 ID
<T> TreeSet<T> **intersection**(TreeSet<T> a, TreeSet<T> b)	对给定的两个集合中的元素进行求交集，最后返回得到的交集
TreeSet<String> **finalCandidates**(TreeSet<String> set, TreeSet<String> set2, TreeSet<String> set3)	对给定的 3 个集合进行求交集，得到的交集结果就是最终过滤出的代表记录集，并返回该代表记录集
boolean **insertClusterWithoutSimilar** (RepresentativeRecordSet rrs, ArrayList <Record> Dataset, Record newr)	往代表记录集中新增一个代表记录，同时新增一个记录簇，返回布尔值表示是否新增成功
RepresentativeRecordSet **splitCluster** (RepresentativeRecordSet rrs , double sim, MatchingRecord mr)	将增量记录从所在的记录簇移动到其他记录簇中，返回整个代表记录集
boolean **mergeClustersWithMatchingRecord**(RepresentativeRecord rr, MatchingRecord mr)	将增量记录合并到现有的一个记录簇中，返回布尔值表示是否合并成功
boolean **mergeClustersBetweenRepresentativeRecord**(Representative RecordSet rrset, RepresentativeRecord rrd, RepresentativeRecord rrs)	将两个记录簇合并成一个记录簇，返回布尔值表示是否合并成功
boolean **moveBetweenClusters**(RepresentativeRecord rrd, Representative Record rrs, MatchingRecord mr)	在记录簇之间移动增量记录，返回布尔值表示是否移动成功
boolean **deleteFromClusters**(RepresentativeRecordSet rrs, Representative Record rr, MatchingRecord mr)	从记录簇中删除一条记录，返回布尔值表示是否删除成功

1. 基于属性值的代表记录过滤

图 6.5 中显示了程序如何通过自定义构造出的增量记录并基于某个属性，从代表记录集中过滤出与其相似的一些代表记录的结果。为了方便对比分析，本章在构造增量记录时将其属性上的值设定为与代表记录中各属性上的值差别不是很大的值，这样在比较对应属性值时，就能尽可能地得到较高的 Jaccard 相似性值，从而为过滤出潜在相似的代表记录提供了可能性。

对于同一个代表记录集，同一条增量记录，程序能有效地基于增量记录的一个属性过滤出一组候选代表记录集。正如图 6.5 中所显示，程序基于属性 authors 过滤出了代表记录集[9,8,15]，基于属性 title 过滤出了代表记录集[9,10,15,8]，基于属性 venue 过滤出了代表记录集[9,10,15,21,25,22,17,28]。

在得到几组代表记录集后，程序就可方便地对它们进行求交集运算，以最终得到与增量记录潜在相似的若干代表记录，这让基于代表记录的记录簇调整过程的实现成为可能。

```
Field id = new Field("id","9");
Field index = new Field("index","blum1994");
Field subSetID = new Field("subSetID","9");
Field authors = new Field("authors","a. blum, m. furst, j. jackson, m. kearns, y. mansour, and s. rudich.");
Field title = new Field("title","weakly learning dnf and characterizing statistical query learning using fourier analysis.")
Field venue = new Field("venue","in proceedings of the 26th acm symposium on the theory of computing.");
MatchingRecord mr = new MatchingRecord(id, index, subSetID, authors, title, venue);

System.out.println("基于属性authors过滤得到的代表记录ID：\t" + Utils.getRepRecIDs(Utils.TopKCandidates(rrs, mr, "authors")))
System.out.println("基于属性title过滤得到的代表记录ID：\t" + Utils.getRepRecIDs(Utils.TopKCandidates(rrs, mr, "title")));
System.out.println("基于属性venue过滤得到的代表记录ID：\t" + Utils.getRepRecIDs(Utils.TopKCandidates(rrs, mr, "venue")));
```

Markers | Properties | Data Source Explorer | Servers | Snippets | Console | Progress | Search | Terminal | JUnit | SQL Res

```
<terminated> EntityResolution [Java Application] C:\Program Files\Java\jdk1.8.0_45\bin\javaw.exe (2016年1月22日 下午3:29:31)
基于属性authors过滤得到的代表记录ID：	[9,8,15]
基于属性title过滤得到的代表记录ID：	[9,10,15,8]
基于属性venue过滤得到的代表记录ID：	[9,10,15,21,25,22,17,28]
```

图 6.5　基于属性值的代表记录过滤

该实验表明，由于提出的方法具有简单易行、较大的适用性、理想的动态性能、良好的鲁棒性，以及抗字符串细微差别的干扰能力强等特点，因此其能在保证整体较高准确率的前提下，有效地从代表记录集中过滤出最有可能的代表记录。

2. 基于代表记录的记录簇调整

图 6.6 中显示了记录在记录簇间移动前、后的情形。在移动前，ID 为 2、10 的两条代表记录所关联的记录簇分别为[2,3]和[10,11,12,13]（表明它们分别代表一个实体）。在移动后，程序将 ID 为 3 的记录移动到了记录簇[3,10,11,12,13]中（表明记录簇内部所有的记录共同代表一个实体），从而使其原先所在的记录簇变成了[2]。

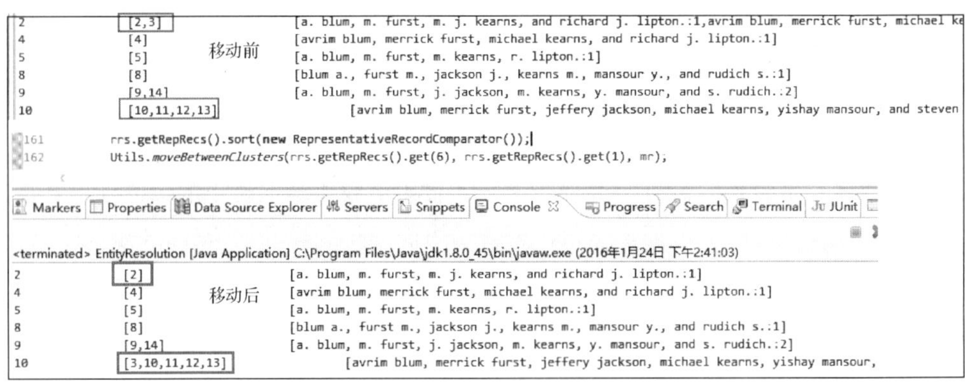

图 6.6　记录簇间的记录移动

正如图 6.6 中所示，这一记录移动过程在代表记录中得到了准确体现：①recIDs 属性值保存了两个记录簇内部记录构成变化前后的情形；②authors 属性值保存了字符串列表中字符串及其出现频次前后变化的情形。

事实上，在将 ID 为 3 的记录移出其所在记录簇并移入其他记录簇的过程中，该记录被看作增量记录，因为其属性上的值出现了变化。为了将增量记录移动到它所属的记录簇，程序需要在代表记录集中查找是否存在与它相似的代表记录，很显然，这个查找结果有 3 种情形：①没找到；②只找到一条代表记录；③找到多条代表记录。图 6.6 所示的移动过程恰好属于第二种情形。如果是第一种情形，那么程序需要为它新增一个记录簇及代表记录。如果是第三种情形，则程序需要将多条代表记录所代表的记录簇合并形成一个记录簇，并将该增量记录加入形成的记录簇，之后更新代表记录内容。事实上，这一合并过程修正了聚类结果中此前存在的错误，因为两个记录簇早就应该合并成一个记录簇。

该实验表明，由于提出的方法具有启发式调度各功能模块算法、与增量操作类型无关、调整过程仅依赖代表记录，以及可有效减少计算开销等特点，因此其不仅能让记录在记录簇间移动这一调整过程易于实现，而且能让新增、合并和删除等其他调整过程易于实现。因为本质上这些调整过程仅与代表记录相关。重要的是，这种方法还能利用调整过程来修正此前聚类结果中的错误。

6.5.4　实验结果分析

为了对基于代表记录的记录簇的自适应调整效果进行评测，本章将其与基于相关性聚类的增量解析方法的性能进行对比[30]，并且主要关注相关记录簇的确定这一重要过程。因此，为了方便对比分析，下面将前者涉及的方法称为基于属性值的过滤方法，后者涉及的方法称为迭代查找方法。

按照实验过程利用基于属性值的过滤方法及迭代查找方法分别对实验所用数据进行处理，并从相关记录簇的确定对两种方法运行效果影响方面对它们的实验结果进行分析。考虑对于基于相关性聚类的增量实体解析来说，性能和质量取决于应用的目标函数；而对于基于代表记录的记录簇自适应调整来说，性能和质量取决于基于属性值的过滤方法，从这一角度出发，在评价标准的选择上，本章主要考虑以下 4 个指标：①匹配准确率，判断为相似的所有记录对中判断正确的比例；②不匹配准确率，判断为不相似的所有记录对中判断正确的比例；③总体准确率，所有进行判断的记录对中判断正确的记录对所占的比例，包括相似与不相似的记录对；④无法判断率，所有进行判断的记录对中无法判断的记录对所占的比例。其中，记录对是指增量记录与代表记录集中所有代表记录之间形成的两两记录对。

表 6.2 中显示了两种方法在确定相关记录簇时的实验结果。其中，在基于属性值的过滤方法中用代表记录来表示对应的记录簇，而在迭代查找方法中直接用记录簇表示，这正是两种方法在确定相关记录簇时的关键所在。在性能方面，作者重复实验 100 次并采用平均时间（s）来度量。

表 6.2　确定相关记录簇的实验结果对比

方法名称	记录簇	增量记录	匹配准确率	不匹配准确率	无法判断率	总体准确率	平均时间/s
基于属性值的过滤方法	10000	100	0.78	0.78	0.12	0.89	112
	10000	200	0.78	0.83	0.16	0.82	148
	10000	300	0.65	0.79	0.18	0.86	179
	10000	400	0.78	0.75	0.21	0.88	212
	10000	500	0.87	0.78	0.20	0.89	245
	10000	600	0.89	0.80	0.22	0.81	290
迭代查找方法	10000	100	0.78	0.81	0.21	0.70	119
	10000	200	0.68	0.82	0.25	0.74	156
	10000	300	0.68	0.83	0.26	0.76	191
	10000	400	0.88	0.81	0.28	0.76	249
	10000	500	0.78	0.86	0.29	0.73	327
	10000	600	0.73	0.80	0.28	0.74	331

随着增量记录的数量逐渐增加，尽管匹配过程的复杂度相对较高，但两种方法在匹配准确率、不匹配准确率和总体准确率方面的变化幅度并不是太大，且平均在 70%以上。但是，基于属性值的过滤方法中无法判断率的比例相对偏少。这是因为基于属性值的过滤方法通过查找代表记录集能较好地发现此前未发现的相似代表记录，而迭代查找方法却可能在连接良好的相似图形中考虑一个不必要的较大子图，在收敛前可能又要努力地重复检查大量子图，有时甚至在相似图形上可能找不到一个最佳划分方案。

在时间消耗方面，因为基于属性值的过滤方法计算过程简单、容易实现、计算方式统一，所以其所需时间偏少。

总体而言，从表 6.2 中可以得出 3 个结论：第一，基于属性值的过滤方法准确性高，在 4 个标准上都达到了比较理想的效果；第二，基于属性值的过滤方法人工干预量少，对于无法判断的记录对需要进行人工判断，而无法判断率仅有 2%左右；第三，基于属性值的过滤方法稳定性好，不同的数据集在各个指标上相差很小。尽管提出的方法可以有效匹配绝大多数增量记录，具有较高的匹配准确率、较好的稳定性、良好的扩展性，能够适应更为复杂的情况，但其也存在不足，例如，在匹配准确率方面还有待进一步提高，在匹配质量评价方面有待进一步研究。

6.5.5　实验结论

在实际数据集上进行的一系列实验表明，本章提出的记录簇调整模型是合理可行的。通过基于属性值的过滤方法、基于代表记录的记录簇调整方法，该模型能够简单、高效地对聚类结果中的记录簇进行自适应调整并更新相应的代表记录内容，且与增量操作、增量记录的出现顺序无关。总体来说，该模型的优点主要表现在如下 3 个方面：

1）模型具有良好的高效性、可靠性和可扩展性。模型中设计的算法能高效地发现与增量记录潜在相似的代表记录集，这为相关记录簇的自适应调整提供了可靠性保障，并加快了代表记录更新的速度，最终实现了较快的聚类速度和较高的聚类精度。此外，算法本身易于工程实现、升级，可扩展到存在大数据情形的应用中。

2）不需要建立额外索引，提高解析效率。相较于以往研究中需要预先构建支持某种过滤器（长度、前缀等）的 *N*-Gram 倒排索引，以降低查询在过滤阶段的代价，本章提出的基于属性值的过滤方法不需要设计复杂的过滤器，不需要增量维护相应的倒排索引，具有“即时”查询的能力。

3）修正此前的解析错误，提高解析精度。通过查询到的潜在相似代表记录，记录簇调整过程能够以较小的代价调整应合并但并未合并的记录簇，这不仅有利于调整后的记录簇尽可能地包含更多的记录，从而减少记录簇的数量，而且有利于相似记录的合并或删除，并且提高了记录簇代表记录的代表性。

本章小结

本章对基于代表记录的记录簇调整模型构建的技术路线进行了阐述，并对一些概念进行适当的定义以方便形式化描述该模型。在此基础上，从潜在相似代表记录的确定、相关的记录簇自适应调整，以及记录簇的代表记录更新 3 个方面对记录簇调整模型进行了设计，并对涉及的具体功能模块体给出了具体实现方法。由于该模型使用基于属性值的过滤方法来找出与增量记录潜在相似的代表记录，并基于代表记录集来仅对相关的记录簇进行调整，因此该模型使相关的记录簇自适应调整过程更加快速准确，进而从整体上满足了提升增量解析效率、提高增量解析精度的要求。

第 7 章　基于代表记录的增量实体解析方法的有效性实验

在已对所提出模型进行有效性实验的基础上，本章主要从整体上对增量实体解析方法的有效性、可行性进行实验验证和相关测评，相较于各模型进行实验时对所需数据的要求，本实验对所涉及数据的要求更高，也更全面，因为增量实体解析本质上是一个可能与各种形式数据相关的相对复杂的记录簇调整过程。

7.1　实 验 目 的

本实验主要对基于代表记录的增量实体解析方法的有效性进行验证。本章通过将书中方法的结果与相关性聚类方法的结果[30]和 Cora 数据集中人工划分的结果进行对比分析，证明书中方法在增量解析过程中的有效性。

7.2　实 验 数 据

1. *真实数据*

为了更好地展现书中方法与相关性聚类方法的增量实体解析过程，本章在数据集 Cora 已有分组（聚类）的基础上再对其进行细分，新的划分依据是记录簇内所包含的记录数量。具体来说，最初的记录簇将被细分成 3 种类型：单点簇、多点簇和其他簇，其中，单点簇是指只包含一条记录的记录簇，多点簇是指包含记录的数量大于 30 的记录簇（图 7.1），其他簇是指包含记录的数量介于这两者之间的记录簇。

Cora 数据集的相关信息类别如表 7.1 所示。其中，“属性数”中的 3 表示参与相似性计算的 3 个属性 authors、title 和 venue。“代表记录数”与“记录簇数”的数量相等。

【kearns1993b】 共包含37条记录

856	856	m. kearns.	in proc. 25th annu. acm sympos. theory comput.,	efficient noise-tolerant learning from statistic...
857	857	m.j. kearns.	in proc. 25th acm symp. on theory of computing,	efficient noise-tolerant learning from statistic...
858	858	m. kearns.	in proceedings of the twenty-fifth annual acm sym...	efficient noise-tolerant learning from statistic...
859	859	m. kearns.	in proceedings of the twenty-fifth annual acm sym...	efficient noise-tolerant learning from statistic...
860	860	m. kearns.	proceedings of the 25th annual acm symposium on...	efficient noise-tolerant learning from statistic...
861	861	m.j. kearns.	proceedings of the 25th acm symposium on the th...	efficient noise-tolerant learning from statistic...
862	862	kearns, m.	in proceedings of the twenty-fifth annual acm sym...	efficient noise-tolerant learning from statistic...
863	863	kearns, m.	in proceedings of the twenty-fifth annual acm sym...	efficient noise-tolerant learning from statistic...
864	864	kearns, m.	proceedings of the 25th annual acm symposium on...	efficient noise-tolerant learning from statistic...
865	865	kearns, m.	in proc. 25th annu. acm sympos. theory comput. (...	efficient noise-tolerant learning from statistic...
866	866	kearns, m. j.	in proceedings of the twenty fifth annual acm sym...	efficient noise-tolerant learning from statistic...
867	867	m. kearns.	in proc. 25th annu. acm sympos. theory comput.,	efficient noise-tolerant learning from statistic...
868	868	m. kearns.	in proceedings of the twenty-fifth annual acm sym...	efficient noise-tolerant learning from statistic...
869	869	m. kearns,		efficient noise-tolerant learning from statistic...
870	870	michael kearns.	in proceedings of the twenty-fifth annual acm sym...	efficient noise-tolerant learning from statistic...
871	871	m. kearns.	in proceedings of the twenty-fifth annual acm sym...	efficient noise-tolerant learning from statistic...

图 7.1　多点簇

表 7.1　Cora 数据集的相关信息类别

属性数	总记录数	记录簇数	代表记录数	单点簇数	多点簇数	其他簇数
3	1295	112	112	19	11	82

2. 模拟数据（synthetic data）

尽管可通过对 Cora 数据集进行细分来获得更多的信息类别，但它仍然不是一个自然的增量数据集，因为其中的数据本身并不会出现增量变化。鉴于此，本章通过随机复制 Cora 数据集中 3 种记录簇（单点簇、多点簇或其他簇）中记录的方式来产生模拟数据，这时的模拟数据将会附带有其所属记录簇的信息，可作为增量操作涉及的增量记录，同时也为各性能指标的计算提供参考依据，以方便对书中方法与相关性聚类方法的各项性能指标进行对比分析。

7.3　实 验 过 程

实验中涉及的环境如下：①硬件为 Pentium(R) Dual-Core 2.4GHz CPU、8GB 内存；②开发环境为 64 位 Windows 10 专业版操作系统、JDK1.6、Eclipse Mars 4.5 开发平台；③开发语言为 Java 语言、JavaScript 语言；④开发工具为 Tomcat v7.0、Ext JS 6 框架[105,106]、SecondString.jar。

考虑增量实体解析过程本质上是当数据集上出现增量操作时，聚类结果中的记录簇随之进行自适应调整的过程，因此为对其进行全面测试，本实验过程主要包括以下 3 个方面：

1）新增操作下的增量实体解析。随机地取出模拟数据并逐条新增到数据集中，这时书中方法对这一系列记录进行实体解析，即让当前聚类结果中的记录簇依据当前的记录进行自适应调整，每次调整过程充分利用此前已有的聚类结果。

2）删除操作下的增量实体解析。在进行解析前先将随机生成的模拟数据批量导入数据集中，这时利用书中方法对数据集上随机逐条删除的记录进行逐次解析，即让当前聚类结果中的记录簇依据当前的记录进行自适应调整，每次调整过程充分利用此前已有的聚类结果。

3）更新操作下的增量实体解析。在进行解析前先将随机生成的模拟数据批量导入数据集中，这时利用书中方法对数据集上随机记录的逐个属性值更新进行逐次解析，即让当前聚类结果中的记录簇依据当前记录的属性值更新进行自适应调整，每次调整过程充分利用此前已有的聚类结果。

此外，实验过程采用的相似性规则为若两条记录中存在至少 3 个对应属性相似，那么二者是相似的；合并规则为将两条记录对应属性上的值进行合并，类似于不相交集合的并操作。字符串间的相似性计算基于 Jaccard 度量（给定阈值为 0.5）。

7.3.1　新增操作下的增量实体解析

1. 新增操作涉及的增量记录

为了方便比较新增操作下解析后的结果，本节随机地对单点簇中的记录进行复制，并将它们作为新增操作的增量记录来进行分析。表 7.2 中显示了其中的 5 条记录，其中，每条记录用 index 属性来标识其所属的记录簇 ID（相当于 ClusterID），例如，“bauer1992” 表示当前记录所属的记录簇 ID。从表 7.2 中可以看出，即使各单点簇中只包含一条记录，这些记录中有些属性值也可能存在极不规范的情况，如属性值缺失、表示不全等。这无疑给解析过程带来很大的困难，因为基于它们计算出的相似性值会与实际情形相差较大。

表 7.2　从单点簇中随机选出的 5 条记录

index	authors	title	venue
auer1995a	p. auer, n. cesa-bianchi, y. freund, and r. e. schapire	gambling in a rigged casino: the adversarial multi-armed bandit problem	in proc. 36th annual symposium on foundations of computer science
bauer1992	eric bauer and ron kohavi wolpert, d. h.	stacked generalization	neural networks 5
freund1995c	freund, y. and schapire, r.e.	a decision-theoretic generalization of on-line learning and an application to boosting	lecture notes in artificial intelligence
freund1995d	freund, y., and schapire, r. e.	a decision-theoretic generalization of on-line learning and an application to boosting	tech. rep.

续表

index	authors	title	venue
helmbold1996a	helmbold, d. p., schapire, r. e., singer, y., and warmuth, m. k.	a comparison of new and old algorithms for a mixture estimation proble	

2. 新增操作下的增量实体解析结果

新增操作将可能引起聚类结果中的记录簇按照以下 3 种方式中的任意一种进行调整，并让关联的代表记录进行更新：一是将增量记录加入某个记录簇；二是为增量记录新建一个记录簇；三是若干记录簇可能因为增量记录的出现而进行合并，并将增量记录加入这个合并的记录簇中。

图 7.2 中显示了新增操作下的增量实体解析结果，共包含 5 个记录簇（用数字进行标注）。其中，标注为数字 1、2 的两个记录簇此时因在新增两条记录后而各自包含两条记录，说明新增的两条记录分别得到了正确的解析，因而被划分到与各自相似的记录簇中。标注为数字 3、4 的两个记录簇中的记录完全相同，但它们没有被解析为在同一个记录簇中。这是因为记录中 venue 属性上的值为空，导致该单点簇的代表记录中 venue 属性上的值同样为空。当新增一条与该单点簇中记录完全相同的记录时，它首先与该单点簇的代表记录进行比较，由于二者对应 venue 属性上的值为空，因此导致相似属性的个数没能满足给定阈值个数，二者被判定为不相似，产生了两个看起来相同的记录簇。

值得一提的是，标注为数字 5 的记录簇中不仅显示了相似记录经解析后被划分到同一个记录簇的结果，而且显示了经由当前记录簇所产生的代表记录内容。从图 7.2 中可以看出参与相似件计算的各属性中完整保存的相应字符串及其出现频次。

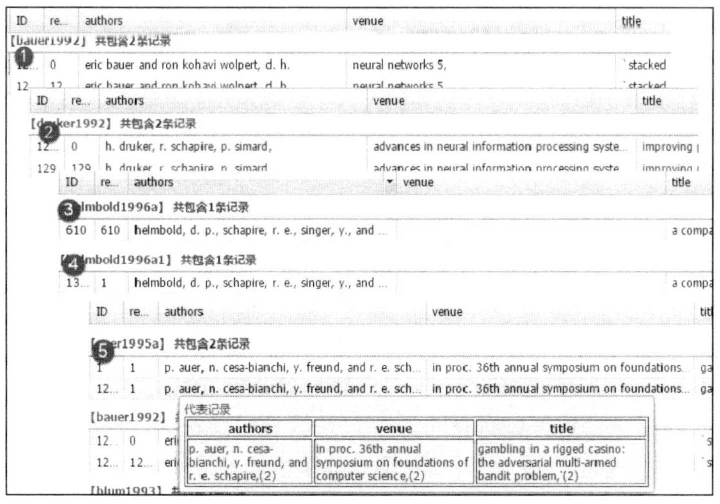

图 7.2　新增操作下的增量实体解析结果

7.3.2　删除操作下的增量实体解析

删除操作将会引起聚类结果中的记录簇按照以下 3 种方式中的任意一种进行调整，并让关联的代表记录进行更新：一是如果记录簇中只包含一条待删除的记录，则直接删除该记录、记录簇和关联的代表记录；二是如果记录簇中包含两条记录，则直接删除待删除的记录，并更新代表记录；三是如果记录簇中包含两条以上记录，则先判定待删除的记录是否具有完整的信息，再判定记录簇中其他记录是否具有非完整的信息，最后依据这些判定结果来决定是否需要对涉及的记录簇进行分裂，或直接删除待删除的记录。

为了方便比较删除操作下解析后的结果，本节以相对复杂的记录簇分裂的情形为例来进行分析。图 7.3 由上下两部分组成，上部分显示了记录簇中记录被删除前的记录簇的状态（共包含 4 条记录），下部分显示了该记录簇中记录被删除后的记录簇的状态（记录簇分裂为两个，一个包含一条记录，另一个包含两条记录）。

删除前

ID	re...	authors	venue	title
【kearns1994e】 共包含4条记录				
10...	10...	kearns, m., li, m., and valiant, l.	acm 41,	learning boolean formulas,
10...	10...	m. kearns, m. li, and l. valiant.	journal of the acm,	learning boolean formulas.
10...	10...	m. kearns, m. li, and l. valiant.	journal of the association for computing machin...	learning boolean formulae.
10...	10...	m. kearns, m. li and l. valiant.	journal of the acm,	learn ing boolean formulas.

删除后

ID	re...	authors	venue	title
【kearns1994e】 共包含1条记录				
10...	10...	kearns, m., li, m., and valiant, l.	acm 41,	learning boolean
【kearns1994e1】 共包含2条记录				
10...	10...	m. kearns, m. li, and l. valiant.	journal of the acm,	learning boolean
10...	10...	m. kearns, m. li and l. valiant.	journal of the acm,	learn ing boolean
【kearns1994e2】 共包含1条记录				
10...	10...	m. kearns, m. li, and l. valiant.	journal of the association for computing machin...	learning boolean

图 7.3　删除操作下的增量实体解析结果

由于记录簇中一条具有相对完整信息的记录（如图 7.3 中横线所标注）被删除，因此需要对记录簇内剩下的记录重新进行相似性计算，以反映删除操作后所带来的变化。通常，记录簇内任何记录被删除都需要进行类似的计算。经相似性计算后，彼此非常相似的两条记录将被重新划分到一个记录簇，而另一条记录将单独形成一个记录簇。这样，原有的一个记录簇此时就被看作分裂为两个记录簇。另外，为方便进行比较，图 7.3 的最下面部分显示了被删除的记录（如框线所围部分）。

7.3.3　更新操作下的增量实体解析

更新操作会引起聚类结果中的记录簇按照以下两种方式中的任意一种进行调整，并让关联的代表记录进行更新：一是如果记录簇中只包含一条记录，那么记录簇要么保持不变，要么合并到其他记录簇；二是如果记录簇中包含多条记录，那么记录簇要么保持不变，要么将操作涉及的增量记录从所在的记录簇移动到其他记录簇，或为其新增一个记录簇。

为了方便比较更新操作下解析后的结果，本章以相对复杂的记录簇间移动的情形为例来进行分析。图 7.4 由上下两部分组成，上部分显示了更新前的两个记录簇的状态，其中，一个记录簇中包含的一条记录与另一个记录簇中的一条记录完全相同（如横线所标注）。下部分显示了这两条记录被更新后的两个记录簇的状态，其中，一条记录被移入另一条记录所在的记录簇（如横线所标注）中。此时，移出的记录簇只包含一条记录。

图 7.4　更新操作下的增量实体解析结果

由于最初两条记录对应 venue 属性上的值都为空，因此它们并未被解析到同一个记录簇。当将两条记录对应 venue 属性上的值更新为相同或相似（满足给定阈值）后，它们便会进行自动调整以适应这种变化，直到被聚类到同一个记录簇中。这里，为便于观察，将 venue 属性上的值更新为相同的“phd thesis”。

相对新增、删除操作下的增量实体解析仅关注整条记录而言，更新操作下的增量实体解析主要关注如何在属性上的值被更新后进行解析，且与更新的属性个数、更新的顺序无关。

7.4　实验结果分析

1. 记录对的解析结果分类

假定知道数据集中所有可能记录对的真实匹配状况，实体解析方法在该数据集上进行解析时，对每一个记录对进行比较和分类后所得的结果属于以下 4 个类别之一[4]。这 4 个类别与记录对真实匹配状况之间的关系可用图 7.5 来表示。

1）真正相似（true positives，TP）：记录对被解析为相似，而且该记录对真实匹配状况也是相似的（匹配），因而它们指向同一实体。

2）假性相似（false positives，FP）：记录对被解析为相似，但该记录对真实匹配状况是不相似的（不匹配），因而它们指向两个不同的实体。

3）真正不相似（true negatives，TN）：记录对被解析为不相似，而且该记录对真实匹配状况是不相似的（不匹配），因而它们确实指向两个不同的实体。

4）假性不相似（false negatives，FN）：记录对被解析为不相似，但该记录对真实匹配状况是相似的（匹配），因而它们指向同一实体。

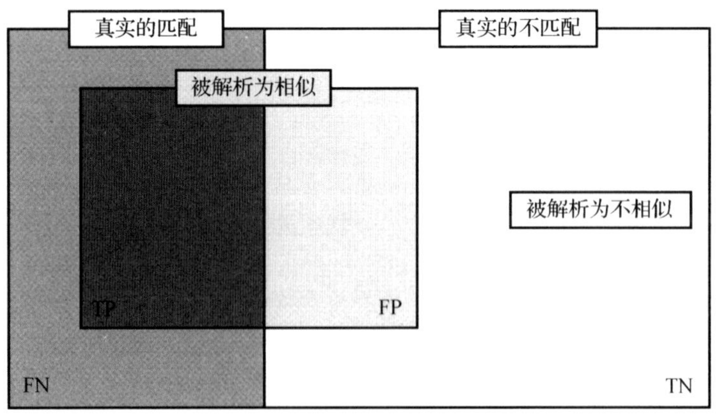

图 7.5　记录对被解析后的 4 种可能结果

通过图 7.5 可以发现，真正不相似（TN）记录对的数量比其他 3 种情形（TP、FP 和 FN）的和还要大，因为指向不同实体的记录对要比指向不同实体的记录对多。实体解析的理想结果：将大多数真实匹配的记录对解析为真正相似（TP），同时保持 FP 和 FN 的数量之和尽可能少。

例如，假如数据集包含 1000000 条记录，那么为了解析出它们，在最坏情况下需要进行 50000000 次比较(相当于对数据集本身进行笛卡儿积计算所需要的比较次数)，从而得到 50000000 个候选记录对。现在假设其中有 500000 条记录对是真正匹配的。经过解析后，有 600000 条记录对被解析为相似(TP+FP)，其中 400000 条记录对真正相似（IP）。结合图 7.5 可以计算出以下数值：TP=400000，FN=500000−IP=100000，FP=600000−TP=200000 和 TN=50000000−(TP+FP+FN)=49300000。这样，基于 TP、TN、FP 和 FN 的数量，我们就能计算出不同的质量度量，如准确率、召回率和 F 值。

2. 实体解析性能的评价指标

为评价实体解析的性能，本节采用准确率、召回率和 F 值作为评测标准[97]，它们的定义及计算公式如下所示。

准确率：在被解析为相似的记录对（TP+FP）中真正相似记录对（TP）所占的比例，用来衡量解析结果的精度，具体计算公式如下。

$$\text{precision} = \frac{\text{TP}}{\text{TP} + \text{FP}} \tag{7.1}$$

使用上面的一组数值可计算出准确率为 precision=400000/(400000+200000) ≈ 0.667，相当于 66.7%的精度。这意味着被解析的记录对中有 2/3 为真正匹配，而 1/3 的记录对为错误匹配。

召回率：在真正相似的记录对（TP+FN）中被正确解析的记录对所占的比例，用来衡量实际真正相似的记录对中有多少被解析为相似，具体计算公式如下。

$$\text{recall} = \frac{\text{TP}}{\text{TP} + \text{FN}} \tag{7.2}$$

继续使用上面的一组数值可计算出准确率为 recall=400000/(400000+100000) = 0.8，相当于召回 80%。这意味着在真正相似的记录对中有 4/5 被正确解析出。

***F* 值：**计算准确率和召回率之间的调和平均值，常用来衡量系统的总体性能。实际上，应注意到在召回率和准确率之间应有一个折中，这取决于具体的解析环境，例如，实现一个具有高准确率但较低召回率的解析结果，或一个具有高召回率但较低准确率的解析结果。F 值的具体计算公式如下。

$$F = 2 \times \frac{\text{precision} \times \text{recall}}{\text{precision} + \text{recall}} \tag{7.3}$$

继续使用上面的一组数值，precision=0.667，recall=0.8，可计算出 F 值为 $F=2\times[(0.667\times0.8)/(0.667+0.8)]\approx0.727$ 。

一旦确定了如何计算各性能指标，接下来就可从准确率、召回率、F 值、平均解析时间和产生的记录簇数量几个方面对书中方法和相关性聚类方法的解析结果进行比较。值得说明的是，考虑相关性聚类方法的解析结果类似于上面的实验示例结果，限于篇幅，因此书中不再叙述。

3. 新增操作下两种方法的解析结果分析

表 7.3 中显示了新增操作下两种方法的解析结果。两种方法的输入是不同数量的带有其所属记录簇信息的记录，即在记录簇已细分的基础上随机生成的增量记录。整个增量解析过程完全自动进行，没有人工干预。表 7.3 中第一行数字显示的是在新增记录数量为 100（记录簇数量为 60）的情形下，两种方法的性能指标、所需平均解析时间和产生的记录簇数的具体计算结果。表 7.3 中其他行的数字表示类似的信息。

表 7.3　新增操作下两种方法的解析结果

新增		书中方法					相关性聚类方法				
数量	簇数	准确率	召回率	F 值	平均解析时间/ms	簇数	准确率	召回率	F 值	平均解析时间/ms	簇数
100	60	80.32	76.62	78.42	541	89	82.42	70.14	75.78	584	100
200	90	79.20	48.43	60.10	891	101	81.35	50.23	62.10	956	123
300	100	82.45	45.24	58.42	1262	130	80.12	48.10	60.11	1360	168
400	120	81.32	44.48	57.50	1564	180	80.78	40.24	53.71	1806	203

对新增操作下两种方法解析结果的分析主要从 3 个方面进行：解析性能、平均解析时间和产生记录簇数量。

1）解析性能。针对不同数量的记录解析，两种方法在准确率、召回率方面总体上均相对偏高，计算结果中没有出现大幅下降、大幅提升的情形。但是，在记录数量较多时，书中方法的准确率更高些，因为基于属性值的过滤方法在代表记录集中更易找出与记录潜在相似的若干代表记录。两种方法的召回率都相对偏低，在记录数量较多时，这种情况更为严重，这是由属性值的质量问题所致的。F 值反映的总体解析效果与准确率和召回率密切相关，书中方法的总体解析效果相对要好些。

2）平均解析时间。书中方法在不同记录数量下所需的平均解析时间相对偏少，表明通过合理利用更具代表性的代表记录，以及使用基于属性值过滤的方法能有效提高查找效率，从而能够让总的解析时间（记录簇调整的时间）显著降低。

在数量较多时降幅会更大，例如，在记录数量为 400 时，从相关性聚类方法的 1806ms 降到了书中方法的 1564ms。

3）产生记录簇数量。书中方法产生的记录簇数量与实际的记录簇数量相差不是太大，表明它能很好地克服在模拟数据中存在的不同的数据质量问题。相关性聚类方法却会得到相对较多的记录簇，因为它不能在解析过程中很好地修正此前因数据质量带来的解析错误，从而导致有些记录将会划分到不同的记录簇。

4. 删除操作下两种方法的解析结果分析

表 7.4 中显示了删除操作下两种方法的解析结果。与此前不同的是，本节选取了一组数量较大的随机模拟记录。对删除操作下两种方法解析结果的分析主要从 3 个方面进行：解析性能、平均解析时间和产生记录簇数量。

表 7.4　删除操作下两种方法的解析结果

删除		书中方法					相关性聚类方法				
数量	簇数	准确率	召回率	*F* 值	平均解析时间/ms	簇数	准确率	召回率	*F* 值	平均解析时间/ms	簇数
200	96	86.33	71.64	78.30	114	108	82.41	72.15	76.93	134	111
500	260	85.21	72.45	78.31	249	254	81.38	70.22	75.38	256	321
900	500	82.46	75.28	78.70	386	620	80.15	71.13	75.37	450	634
1200	600	84.32	74.46	79.08	460	670	80.72	73.28	76.82	806	689

1）解析性能。两种方法得到的准确率、召回率和 *F* 值都比较接近，同时从计算结果可以看出记录数量对两种方法的影响不是很大，因为删除操作下的解析过程相对简单且效率高（两种方法的准确率均高达 80%以上），只涉及少量记录簇分裂的情形，因而不会出现解析性能大幅度波动的情形。

2）平均解析时间。删除操作的主要时间开销来自记录簇分裂的情形，这种情形的出现不会太多，因而两种方法在删除操作下所需的调整时间（平均解析时间）均相对偏少且比较接近，它们同样不受记录数量的影响。

3）产生记录簇数量。由于只有在记录簇出现分裂时，记录簇的数量才有可能在原有基础上增加，这种增加在两种方法中都有所体现。由于在删除操作下书中方法仍然可以修正此前解析结果中存在的错误，因此其得到的总记录簇数量相对偏低，且更接近实际的情形。

5. 更新操作下两种方法的解析结果分析

表 7.5 中显示了更新操作下两种方法的解析结果。与此前不同的是，本节选取了一组数量更大的随机模拟记录。同样，对更新操作下两种方法解析结果的分

析主要从 3 个方面进行：解析性能、平均解析时间和产生记录簇数量。

表 7.5　更新操作下两种方法的解析结果

更新		文中方法					相关性聚类方法				
数量	簇数	准确率	召回率	F 值	平均解析时间/ms	簇数	准确率	召回率	F 值	平均解析时间/ms	簇数
2000	808	84.65	74.72	79.37	4966	780	81.05	73.21	76.93	5134	839
4000	1260	85.33	73.22	78.81	9649	1204	80.56	71.45	75.73	10356	1302
8000	3028	84.32	72.67	78.06	14034	2986	81.23	70.49	75.47	15870	3090
10000	4768	83.46	72.34	77.50	20060	4605	81.32	70.12	75.30	21236	4668

1）解析性能。当数据量偏大时，书中方法的准确率和召回率仍然能保持在较高的状态，且都比相关性聚类方法稍高。这意味着即使针对属性值的修改而不是整条记录的新增、删除，书中方法仍然有着良好的表现，且解析性能较稳定。

2）平均解析时间。相关性聚类方法所需的时间明显偏高，这主要是因为其需要对记录移动的调整结果是否为最佳结果而进行多次判定；而书中方法不存在这种情况，因为代表记录集上基于属性值过滤的方法中不存在这种费时的判断过程。

3）产生记录簇数量。由于更新操作可能会引起记录簇合并或新建记录簇，因此导致记录簇调整前后的数量不会相差太大，即可能偏高或偏低，这在两种方法中都有所体现。

7.5　实验结论

通过上述实验结果可知：

1）书中方法的解析效率相对较高、稳定性相对较好。在不同记录数量的情况下，书中方法在增量解析、容错等方面受这些记录数量的影响较小，且所需的计算代价不是太高，因此它能始终保持较高的执行效率、良好的性能和稳定性。

2）书中方法所解析出来的结果与相关性聚类方法所得到的结果基本上一致。通过使用基于属性值的代表记录过滤技术，再结合已产生的代表记录集（解析结果），书中方法不仅能让记录簇在增量操作下有效地进行自适应调整，而且能修正此前的解析错误，并在性能指标、解析时间等参数上比相关性聚类方法更具优势。这是因为相关性聚类方法主要通过费时的迭代查找过程来划分记录簇，并判断划分结果是否为最优。二者在得到的记录簇数量和内容上的一致性在一定程度上反映了书中方法的合理性。

3）增量操作下两种方法所得的记录簇数量具有较高的接近率。由于相关性聚类方法能在一定程度上改善解析效率并且不牺牲解析质量，再结合二者所得的记录簇数量比较接近，进一步印证了书中方法的可行性和有效性。此外，通过比较记录簇数量可看出，书中方法的解析效果要略好些。

第8章 总结与展望

本书研究的总体目标就是构建一套行之有效的增量实体解析方法体系，以快速、准确地识别并聚类数据集中重复或相似的记录，从而让这些解析出的记录为后续信息化建设提供重要支撑。围绕这一目标，本书提出了基于代表记录的增量实体解析方法，它由基于优先队列的代表记录产生模型、基于并查集的相似记录聚类模型，以及基于代表记录的记录簇调整模型 3 部分组成。本章对本书的研究工作进行系统总结，对本书的创新工作进行说明，对存在的问题和不足进行分析，并指出未来研究工作的方向。

8.1 研究工作总结

本书对现有在数据集上进行实体解析、增量实体解析的相关研究工作进行了分析和总结，发现其并不能有效满足解析精度、解析效率方面的需求，尤其在大数据环境下的增量实体解析过程中。在对数据集中潜在相似记录及其演化进行解析的研究需求进行充分调研的基础上，本书明确了研究的思路，提出要解决的 3 个关键问题：①如何在解析数据集时产生更能代表记录簇的代表记录以有利于其中潜在相似记录的合并或排除；②如何找出解析过程中遗漏的潜在相似记录并将它们划分到同一个记录簇，从而让代表记录的代表性进一步增强；③如何在数据集不断演化时基于代表记录集，让相关的记录簇进行快速、有效的自适应调整，并围绕这 3 个关键问题开展如下研究工作：

1）提出基于代表记录的增量实体解析方法整体思路。针对静态数据集上的聚类研究和动态数据集上的增量聚类研究工作中的不足，确定将如何对静态数据集、动态数据集上的相似记录进行有效聚类作为本书研究的重点，提出基于代表记录的增量实体解析方法。在此基础上，进一步提出构建基于优先队列的代表记录产生模型以产生更具代表性的代表记录、构建基于并查集的相似记录聚类模型以发现数据集中潜在相似记录并将它们聚类到一起，从而进一步增强代表记录的代表性，以及通过构建基于代表记录的记录簇调整模型来让记录簇自适应调整过程更具针对性、有效性、稳定性和快速性。

2）在对实体解析过程中缺乏代表性的代表记录可能导致相似记录被排除在

记录簇外，而不相似的记录却被保留在记录簇内这一情形进行分析的基础上，提出基于优先队列的代表记录产生模型，旨在产生更具代表性的代表记录。该模型主要关注待比较记录与代表记录间的相似性判定方法、待比较记录与代表记录间的合并方法，以及基于优先队列的代表记录产生方法 3 部分内容。最后对模型的效果进行评测和分析，验证了模型的有效性。

3）在对实体解析过程中因属性值中存在错误或不一致表达，以及基于优先队列的实体解析方法本身存在局限性而无法让某些潜在相似记录划分到同一记录簇，出现相似记录漏配，反映出此前产生的代表记录未必都具代表性这一情形进行分析的基础上，提出基于并查集的相似记录聚类模型，旨在进一步识别出潜在相似记录并将它们聚类到一起，从而让代表记录的代表性进一步增强。该模型主要关注基于重要属性生成高质量 Key 的方法、基于多趟扫描结果计算传递闭包的方法，以及基于并查集合并相似记录的方法 3 部分内容。最后对模型的效果进行评测和分析，验证了模型的有效性。

4）在数据集中不断出现新增、删除或更新记录时，不仅数据集本身应该出现变化，而且与之相关的记录簇、记录簇内部所包含记录，以及代表记录本身也应做出相应调整这一情形进行分析的基础上，提出基于代表记录的记录簇调整模型，旨在让数据集不断演化时记录簇调整过程更具针对性、有效性、稳定性和快速性。该模型主要关注相似代表记录的确定、相关记录簇的自适应调整，以及记录簇的代表记录更新 3 部分内容。最后对模型的效果进行评测和分析，验证了模型的有效性。

8.2　本书的主要创新工作

通过上述研究工作，本书主要对基于代表记录的增量实体解析方法进行了探索。经实验验证，该方法取得了良好的效果，因而能有效实现大数据环境下的面向数据演化的增量实体解析目标。本书的主要创新工作体现在以下 3 个方面：

1）提出了基于优先队列的代表记录产生模型。以往研究通常采用两种方法来产生代表记录：选取某条记录作为代表记录，或选取若干条记录作为代表记录。但是，单条记录在某种意义上并不足以代表一系列相似记录，因为尚不清楚它们在若干对应属性上的值是否真的表示一致，也就不能用单一属性值来表示诸多属性值。相对单条记录来说，将若干条记录整体上看作代表记录的情形可能更符合实际，因为它至少避免了属性值单一性问题。但是，该方法具有很强的随机性、不稳定性，因为在选取若干条记录过程中不但需要遍历整个记录簇，而且从记录簇中选取的记录随选取方法和属性值特征的变化而变化，对选取结果的准确性会造成影响。与此不同，本书提出的基于优先队列的代表记录产生模型在产生更具代表性的代表记录时所涉及的创新点主要体现在：①将代表记录看作单条记录，其属性上的值被预先规范为一个字符串列表，以对应其所代表记录簇中不确定的记录数量，更具体地说是不确定的字符串个数；②让列表中的字符串按其出现频次从高到低自动进行排序；③属性 recIDs 上的值保存其所代表记录簇内部的记录 ID；④代表记录各属性上的值随解析过程中相似记录的相继发现而逐步更新，更新过程与优先队列的特性密切结合，并且更新后的字符串列表仍将自动进行排序；⑤更新后的代表记录又反过来对后续相似记录的发现，或不相似记录的排除起到关键作用。

2）提出了基于并查集的相似记录聚类模型。以更灵活、精度较高的多趟近邻排序方法为例，尽管它能基于不同的 Key 将数据集进行多次排序，并分别计算邻近记录的相似性，最后综合多次计算出的结果来完成相似记录的合并，解决相似记录部分遗漏的问题，但它在某些方面仍存在不足之处：①未涉及如何在每趟中生成有利于发现相似记录的 Key；②未涉及如何计算出每趟中的相似关系并利用它来合并相似记录；③未涉及如何快速实现记录簇间的增量式合并过程。与此不同，本书提出的基于并查集的相似记录聚类模型在合并相似记录，以让代表记录的代表性进一步增强时所涉及的创新点主要体现在：①通过自定义配置策略生成高质量 Key；②充分利用记录间的相似关系，以及相似关系的传递性；③利用并查集结构的操作方式在多趟扫描过程中逐步将潜在相似记录尽可能地聚类到一起（增量式合并）。

3）提出了基于代表记录的记录簇调整模型。以与实际情形更接近的基于相关性聚类算法的增量实体解析为例，由于其整个增量解析过程相当于对图形数据进行子图划分，因此其涉及的计算复杂度较高，且很难找到一种精确的划分方法。这主要是因为它纯粹从图形数据角度来进行考虑，而没有从聚类角度来考虑，将图形看成记录簇并利用记录簇的代表记录来有效辅助增量实体解析过程。与此不同，基于代表记录的记录簇调整模型在让记录簇进行自适应调整，以进行增量实体解析时所涉及的创新点主要体现在：①利用基于属性值的过滤方法在代表记录集中找出与增量记录相似的若干代表记录，从而确定当前聚类结果中哪些是相关的记录簇；②让相关的记录簇在增量操作下进行自适应调整时更具针对性、有效性、稳定性和快速性；③记录簇调整后更新的代表记录有助于后续记录簇调整过程的快速、有效实施。

8.3　存在的问题

本书提出了基于代表记录的增量实体解析方法，并完成了上述研究工作，在研究中由于研究条件、时间问题和个人能力等因素的制约，对一些问题研究的还不够深入透彻，主要体现在以下几个方面：

1）在产生高质量 Key 时，只考虑使用数据集中本身的数据，而没有考虑采用复杂但更灵活的基于语义或基于关系的方式来产生 Key。与应用基于语义或基于关系方式产生的 Key 相比，本书使用的 Key 不能很好地将那些潜在相似的记录排列在一起，使得它们进行比较的可能性降低。

2）对所有属性都采用相同的字符串相似性计算方式，没有考虑对属性进行分类处理，因此解析的精度不是很高。在对字符串进行相似性计算时仅借助经典的 Jaccard 算法来计算出二者的相似性值，让计算相似性的判断过程似乎趋于简单，而通过结合其他字符串相似性判定算法可能会令判断过程趋于严谨，从而让最后的解析效果更好。此外，本书没有考虑除字符串类型外的其他数据类型，如整数类型等。

3）没有考虑为代表记录集建立相应的索引，因此在代表记录集中查询与增量记录相似的代表记录时，查询速度较慢，尽管代表记录的总数量与数据集中记录的总数量相比要少很多。这无疑会影响整个增量实体解析过程的速度。

4）没有考虑如何运用训练数据来有效地确定合适的相似性阈值，因此在解析过程中使用某个特定的阈值将会对解析结果的精度产生一定程度的影响。

5）本书主要以实体解析领域常用的数据集 Cora 作为测试数据集，由于实际数据的规模有限，很难进行全面的测试，因此所提出的模型在其他领域数据集中的有效性如何还需要做进一步的验证。

8.4　未来的研究工作

针对研究工作中存在的不足，以及在本书研究基础上形成的一些新思路，作者未来的研究工作主要集中在以下两个方面：

1）对记录间的关系链接信息（relational links or connections）进行研究。当前的聚类算法在对候选记录进行匹配时，由于计算复杂性而未考虑记录间的关系链接信息，因此不能将精确的属性相似性值包含在候选记录对的比较过程中（通过比较向量），最终导致无法准确判断候选记录对是否相似。因此，如何在充分利用关系链接信息的同时，降低计算复杂性是实体解析技术面临的主要挑战。

2）对多类型下的实体解析问题进行研究。传统的实体解析方法基于属性值间的相似性值来对单类型的数据对象进行解析，待匹配的数据对象之间是独立的。在大数据时代，数据呈现多样性和关联性，在实体解析中体现为解析目标包含多种类型的数据对象，数据对象之间存在语义关系。例如，引文数据集（包括文章、作者、单位和会议）、电影数据集（包括电影、演员、导演、电影工作室）、电子商务数据集（包括客户、商品、厂商、消费记录）等称为关联的数据集，因为作者、导演和客户等又是另一个数据对象。因此，为了更准确、快速地解析出关联的数据集中的实体，如何在充分利用对象关系的同时，进行多类实体的联合解析将是实体解析技术面临的主要挑战。

参考文献

[1] 朱灿，曹健．实体解析技术综述与展望[J]．计算机科学，2015，42（3）：8-12.

[2] BRIZAN D G, TANSEL A U．A survey of entity resolution and record linkage methodologies[J]．Communications of the IIMA, 2006, 6(3): 41-50.

[3] GETOOR L, MACHANAVAJJHALA A．Entity resolution: theory, practice & open challenges[J]．Proceedings of the VLDB Endowment, 2012, 5(12): 2018-2019.

[4] CHRISTEN P. Data matching: concepts and techniques for record linkage, entity resolution, and duplicate detection[M]. Berlin: Springer, 2012.

[5] FELLEGI I P, SUNTER A B．A theory for record linkage[J]. Journal of the American Statistical Association, 1969, 64(328): 1183-1210.

[6] HERNANDEZ M A, STOLFO S J. The merge/purge problem for large databases[C]//Proceedings of the ACM SIGMOD International Conference on Management of Data, 1995.

[7] 刘骏豪，孙晶莹．2011 年德国人口普查中的新技术：记录链接[J]．中国统计，2011，（11）：38-39.

[8] BERTOSSI L, KOLAHI S, LAKSHMANAN L V S．Data cleaning and query answering with matching dependencies and matching functions [J]．Theory of Computing Systems, 2013, 52(3): 441-482.

[9] DONG X L, HALEVY A, YU C. Data integration with uncertainty[C]//Proceedings of the 33rd International Conference on very Large Data Bases, 2009.

[10] JI S, LI G, LI C, et al. Efficient interactive fuzzy keyword search[C]//Proceedings of the 18th International Conference on World Wide Web, 2009.

[11] HOAD T C, ZOBEL J．Methods for identifying versioned and plagiarized documents[J]. Journal of the American Society for Information Science and Technology, 2003, 54(3): 203-215.

[12] BRODER A Z, GLASSMAN S C, MANASSE M S, et al．Syntactic clustering of the web[J]. Computer Networks and ISDN Systems, 1997, 29(8-13): 1157-1166.

[13] FIENBERG S E．Homeland insecurity: datamining, terrorism detection, and confidentiality[J]. Bulletin of the International Statistical Institute, 2005, 13(4): 146-150.

[14] NEWCOMBE H B, KENNEDY J M. Record linkage: making maximum use of the discriminating power of identifying information[J]. ACM, 1962, 5(11): 563-566.

[15] SARAWAGI S, BHAMIDIPATY A. Interactive deduplication using active learning[C]//Proceedings of the 8th ACM SIGKDD International Conference on Knowledge Discovery and Data Mining, 2002.

[16] DONG X L, HALEVY A, MADHAVAN J. Reference reconciliation in complex information spaces[C]//Proceedings of the 2005 ACM SIGMOD International Conference on Management of Data, 2005.

[17] TEJADA S, KNOBLOCK C A, MINTON S．Learning object identification rules for information integration[J]. Information Systems, 2001, 26(8): 607-633.

[18] WINKLER W E. Overview of record linkage and current research directions[C]//Bureau of the Census, 2006.

[19] ELMAGARMID A K, IPEIROTIS P G, VERYKIOS V S．Duplicate record detection: a survey[J]. IEEE Transations on Knowledge and Data Engineering, 2006, 19(1): 1-16.

[20] BENJELLOUN O, GARCIA-MOLINA H, GONG H, et al. D-Swoosh: a family of algorithms for generic, distributed entity resolution[C]//Proceedings of the 27th International Conference on Distributed Computing Systems, 2007.

[21] 孟小峰，杜治娟．大数据融合研究：问题与挑战[J]．计算机研究与发展，2016，53（2）：231-246.

[22] 基于群体计算的实体解析方法及装置[EB/OL].（2015-04-29）[2016-04-15]. https://www.google.com/patents/CN104573130A?cl=zh.

[23] DONG X L，SRIVASTAVA D. Big data integration[C]//IEEE 29th International Conference on Data Engineering, 2013: 1245-1248.

[24] MONGE A E, ELKAN C. An efficient domain-independent algorithm for detecting approximately duplicate database records[C]//ACM-SIGMOD Workshop on Research Issues on Knowledge Discovery and Data Mining, 1997.

[25] GARCIA-MOLINA H. Pair-Wise entity resolution: overview and challenges[C]//Proceedings of the 15th ACM International Conference on Information and Knowledge Management, 2006.

[26] MONGE A E. An adaptive and efficient algorithm for detecting approximately duplicate database records[EB/OL].（2000-01-19）[2016-04-15]. http://citeseerx.ist.psu.edu/viewdoc/summary?doi=10.1.1.24.7089.

[27] CHARIKAR M, CHEKURI C, FEDER T, et al. Incremental clustering and dynamic information retrieval[C]//Proceedings of the 29th Annual ACM Symposium on Theory of Computing, 1997.

[28] WHANG S E, GARCIA-MOLINA H. Incremental entity resolution on rules and data[J]. The VLDB Journal, 2014, 23(1): 77-102.

[29] DASU T, JOHNSON T. Exploratory data mining and data cleaning[M]. New York: John Wiley & Sons, 2003.

[30] GRUENHEID A, DONG X L, SRIVASTAVA D. Incremental record linkage[J]. Proceedings of the VLDB Endowment, 2014, 7(9): 697-708.

[31] WELCH M J, SANE A, DROME C. Fast and accurate incremental entity resolution relative to an entity knowledge base[C]//Proceedings of the 21st ACM International Conference on Information and Knowledge Management, 2012.

[32] COSTA G, MANCO G, ORTALE R. An incremental clustering scheme for data de-duplication[J]. Data Mining and Knowledge Discovery, 2010, 20(1): 152-187.

[33] DRAISBACH U, NAUMANN F. On choosing thresholds for duplicate detection[C]//Proceedings of the 18th International Conference on Information Quality (ICIQ), 2013.

[34] NAUMAN F, HERSCHEL M. An introduction to duplicate detection[M]. New York: Morgan and Claypool Publishers, 2010.

[35] BHEEMAVARAM R, ZHANG J, LI W. A parallel and distributed approach for finding transitive closures of data records: a proposal[C]//Proceedings Acxiom Laboratory for Applied Research (ALAR) Conference on Applied Research in Information Technology, 2005.

[36] TALBURT J R. Entity resolution and information quality[M]. San Francisco: Morgan Kaufmann Publishers, 2011.

[37] BHATTACHARYA I, GETOOR L. Entity resolution[M]//SAMMUT C, WEBB G I. Encyclopedia of machine learning and data mining. New York: Springer, 2014: 1-8.

[38] GANTI V, GEHRKE J, RAMAKRISHNAN R. DEMON: mining and monitoring evolving data[J]. IEEE Transactions on Knowledge and Data Engineering, 2001, 13(1): 50-63.

[39] ESTER M, KRIEGEL H P, SANDER J, et al. Incremental clustering for mining in a data warehousing

environment[C]//Proceedings of the 24rd International Conference on VLDB, 1998.

[40] 韩京宇，徐立臻，董逸生．数据质量研究综述[J]．计算机科学，2008，35（2）：1-5.

[41] HAN J, KAMBER M. Data mining: concepts and techniques[M]. San Francisco: Morgan Kaufmann Publishers, 2000.

[42] HAN J, PEI J, KAMBER M. Data mining, southeast Asia edition[M]. 2nd ed. San Francisco: Morgan Kaufmann Publishers, 2006.

[43] JAIN A K. Data clustering: 50 years beyond K-means[J]. Pattern Recognition Letters, 2010, 31(8): 651-666.

[44] RAMUSSEN E. Clustering algorithms in information retrieval[M]//FRAKES W, BAEZA-YATES R. Information retrieval: data structures and algorithms. Englewood Cliffs: Prentice-Hall, 1990: 419-442.

[45] EVERITT B. Cluster analysis[J]. Quality and Quantity, 1980, 14(1): 75-100.

[46] CHARIKAR M, GURUSWAMI V, WIRTH A. Clustering with qualitative information[J]. Journal of Computer and System Sciences, 2005, 71(3): 360-383.

[47] BANSAL N, BLUM A, CHAWLA S. Correlation clustering [J]. Machine Learning, 2004, 56(1-3): 89-113.

[48] DOAN A, HALEVY A, IVES Z. Principles of data integration[M]. San Francisco: Morgan Kaufmann Publishers, 2012.

[49] ELFEKY M G, VERYKIOS V S, ELMAGARMID A K. TAILOR: a record linkage toolbox[C]//Proceedings 18th International Conference on Data Engineering, 2002.

[50] DEMAINE E D, EMANUEL D, FIAT A, et al. Correlation clustering in general weighted graphs[J]. Theoretical Computer Science, 2006, 361(2): 172-187.

[51] HASSANZADEH O, CHIANG F, LEE H C, et al. Framework for evaluating clustering algorithms in duplicate detection[J]. Proceedings of the VLDB Endowment, 2009, 2(1): 1282-1293.

[52] MONGE A E. Matching algorithms within a duplicate detection system[J]. IEEE Data Engineering Bulletin, 2000, 23(4): 14-20.

[53] SMITH T F, WATERMAN M S. Identification of common molecular subsequences[J]. Journal of Molecular Biology, 1981, 147(1): 195-197.

[54] HERNANDEZ M A, STOLFO S J. Real-world data is dirty: data cleansing and the merge/purge problem[J]. Data Mining and Knowledge Discovery, 1998, 2(1):9-37.

[55] TALBURT J R, ZHOU Y. A practical guide to entity resolution with OYSTER[M]// SADIQ S. Handbook of data quality. Berlin: Springer, 2013: 235-270.

[56] HASSANZADEH O, MILLER R J. Creating probabilistic databases from duplicated data[J]. The VLDB Journal, 2009, 18(5): 1141-1166.

[57] BHATTACHARYA I, GETOOR L. Collective entity resolution in relational data[J]. ACM Transcations on Knowledge Discovery form Data, 2007, 1(1):5-18.

[58] CHAUDHURI S, GANTI V, MOTWANI R. Robust identification of fuzzy duplicates[C]//Proceedings of the 21st International Conference on Data Engineering, 2005.

[59] VERYKIOS V S, ELMAGARMID A K, HOUSTIS E N. Automating the approximate record-matching process[J]. Information Sciences, 2000, 126(1): 83-98.

[60] NEWCOMBE H B, KENNEDY J M, AXFORD S, et al. Automatic linkage of vital records[J]. Science, 1959, 130(3381): 954-959.

[61] COCHINWALA M, KURIEN V, LALK G, et al. Efficient data reconciliation[J]. Information Sciences, 2001, 137(1): 1-15.

[62] GIONIS A，INDYK P，MOTWANI R. Similarity search in high dimensions via hashing[C]//Proceedings of the 25th International Conference on Very Large, 1999.

[63] INDYK P，MOTWANI R. Approximate nearest neighbors: towards removing the curse of dimensionality[C]// Proceedings of the 30th Annual ACM Symposium on Theory of Computing, 1998.

[64] HAR-PELED S, INDYK P, MOTWANI R. Approximate nearest neighbor: towards removing the curse of dimensionality[J]. Theory of Computing, 2012, 8(1): 321-350.

[65] MCCALLUM A, NIGAM K, UNGAR L H. Efficient clustering of high-dimensional data sets with application to reference matching[C]//Proceedings of the 6th ACM SIGKDD International Conference on Knowledge Discovery and Data Mining, Boston, Massachusetts, 2000.

[66] BRODER A Z，CHARIKAR M，FRIEZE A M，et al. Min-wise independent permutations[C]//Proceedings of the 30th Annual ACM Symposium on Theory of Computing, 2000.

[67] KIM H S, LEE D. HARRA: fast iterative hashed record linkage for large-scale data collections[C]//Proceedings of the 13th International Conference on Extending Database Technology, 2010.

[68] WIDYANTORO D H, IOERGER T R, YEN J. An incremental approach to building a cluster hierarchy[C]// Proceedings of the IEEE International Conference on Data Mining, 2002.

[69] BENJELLOUN O, GARCIA-MOLINA H, MENESTRINA D, et al. Swoosh: a generic approach to entity resolution[J]. The VLDB Journal, 2009, 18(1): 255-276.

[70] PHAM D T, DIMOV S S, NGUYEN C. An incremental K-means algorithm[J]. Proceedings of the Institution of Mechanical Engineers, Part C: Journal of Mechanical Engineering Science, 2004, 218(7): 783-795.

[71] MATHIEU C, SANKUR O, SCHUDY W. Online correlation clustering[J]. Computational Statistics, 2010, 12(3): 21-36.

[72] CHRISTOPHIDES V, EFTHYMIOU V, STEFANIDIS K. Entity resolution in the web of data[J]. Synthesis Lectures on the Semantic Web, 2015, 5(3): 1-122.

[73] CAN F. Incremental clustering for dynamic information processing[J]. ACM Transactions on Information Systems, 1993, 11(2): 143-164.

[74] AGGARWAL C C, HAN J, WANG J, et al. A framework for clustering evolving data streams[C]//Proceedings of the 29th VLDB Conference, 2003.

[75] MÜLLER H, FREYTAG J C. Problems, methods, and challenges in comprehensive data cleansing[R]. Berlin: Humboldt University Berlin, 2005.

[76] 刘辉平，金澈清，周傲英．一种基于模式的实体解析算法[J]．计算机学报，2015，38（9）：1796-1808.

[77] 朱恒民，王宁生．一种改进的相似重复记录检测方法[J]．控制与决策，2006，21（7）：805-808.

[78] CULOTTA A, WICK M, HALL R, et al. Canonicalization of database records using adaptive similarity measures [C]//Proceedings of the 13th ACM SIGKDD International Conference on Knowledge Discovery and Data Mining, 2007.

[79] PAL A, RASTOGI V, MACHANAVAJJHALA A, et al. Information integration over time in unreliable and uncertain environments[C]//Proceedings of the 21st International Conference on World Wide Web, 2012.

[80] JARO M A. Advances in record-linkage methodology as applied to matching the 1985 census of Tampa, Florida[J].

Journal of the American Statistical Association, 1989, 84(406): 414-420.

[81] BAXTER R, CHRISTEN P, CHURCHES T. A comparison of fast blocking methods for record linkage [C]//Proceedings of the 9th ACM SIGKDD International Conference on Knowledge Discovery and Data Mining, 2003.

[82] COSTA G, CUZZOCREA A, MANCO G, et al. Data de-duplication: a review[M]// BIBA M, XHAFA F. Learning structure and schemas from documents. Berlin: Springer, 2011: 385-412.

[83] WHANG S E, GARCIA-MOLINA H. Developments in generic entity resolution[J]. IEEE Data Engineering Bulletin, 2011, 13(11): 24-30.

[84] 刘雪莉，王宏志，李建中，等. 基于实体的相似性连接算法[J]. 软件学报，2015，26（6）：1421-1437.

[85] ZOBEL J, MOFFAT A. Inverted files for text search engines[J]. ACM Computing Surveys (CSUR), 2006, 38(2): 6.

[86] 庞俊，谷峪，许嘉，等. 相似性连接查询技术研究进展[J]. 计算机科学与探索，2013，7（1）：1-13.

[87] XIAO C, WANG W, LIN X, et al. Top-k set similarity joins[C]//IEEE 25th International Conference on Data Engineering, 2009.

[88] 曹小峰. 基于相似重复记录检测的特征优选方法研究[J]. 计算机工程与设计，2009，30（23）：5492-5495.

[89] YANG X, WANG B, LI C. Cost-based variable-length-gram selection for string collections to support approximate queries efficiently[C]//Proceedings of the ACM SIGMOD International Conference on Management of Data, 2008.

[90] LI C, WANG B, YANG X. VGRAM: improving performance of approximate queries on string collections using variable-length grams[C]//Proceedings of the 33rd international conference on VLDB, 2007.

[91] LI C, LU J, LU Y. Efficient merging and filtering algorithms for approximate string searches[C]//IEEE 24th International Conference on Data Engineering, 2008.

[92] GRAVANO L, IPEIROTIS P G, KOUDAS N, et al. Text joins in an RDBMS for web data integration[C]// Proceedings of the 12th International Conference on World Wide Web, 2003.

[93] Second string project page[EB/OL]. (2016-01-09)[2016-04-13]. http://secondstring.sourceforge.net/.

[94] KOPCKE H, THOR A, RAHM E. Evaluation of entity resolution approaches on real-world match problems[J]. Proceedings of the VLDB Endowment, 2010, 3(1-2): 484-493.

[95] Cora citation matching[EB/OL]. (2008-01-10)[2015-03-10]. https://people.cs.umass.edu/~mccallum/data/cora-refs.tar.gz.

[96] DELISLE M. Mastering phpMyAdmin 3.4 for effective MySQL management[M]. Birmingham: Packt Publishing Ltd, 2012.

[97] MENESTRINA D, WHANG S E, GARCIA-MOLINA H. Evaluating entity resolution results[J]. Proceedings of the VLDB Endowment, 2010, 3(1-2): 208-219.

[98] 郭志懋，周傲英. 数据质量和数据清洗研究综述[J]. 软件学报，2002，13（11）：2076-2082.

[99] BATINI C, SCANNAPIECO M. Recent advances in object identification[M]// CABIZA F, BITIN C. Data and information quality: dimensions, principles and techniques. Berlin: Springer, 2016: 217-277.

[100] LI W, BHEEMAVARAM R, ZHANG X. Transitive closure of data records: application and computation[C]// Proceedings of the Acxiom Laboratory for Applied Research (ALAR) Conference on Applied Research in Information Technology, 2006.

[101] JAIN A K, MURTY M N, FLYNN P J. Data clustering: a review[J]. ACM Computing Surveys, 1999, 31(3): 264-323.

[102] 张岩，杨龙，王宏志．劣质数据库上阈值相似连接结果大小估计[J]．计算机学报，2012，35（10）：2159-2168.

[103] GUHA S, KOUDAS N, MARATHE A, et al. Merging the results of approximate match operations[C]//Proceedings of the 30th International Conference on VLDB, 2004.

[104] ARASU A, GANTI V, KAUSHIK R. Efficient exact set-similarity joins[C]//Proceedings of the 32nd International Conference on VLDB , 2006.

[105] DAYALAN A. Ext JS 6 By Example[M]. Birmingham: Packt Publishing Ltd, 2015.

[106] MENDEZ C A, VILLA C, GONZALEZ A. Learning Ext JS[M]. 4th ed. Birmingham: Packt Publishing Ltd, 2015.

附　　录

附录 1　基于优先队列的代表记录产生 Java 函数（部分代码）

```
public static RepresentativeRecordSet generateRepresentativeRecordSet
    (ArrayList<Record> Dataset){
    RepresentativeRecordSet rrs = new RepresentativeRecordSet();
    Queue<RepresentativeRecord> priorityQueue = new Queue<>();
    int max_priority = 0;          //保存队列中最大的优先级
    Dataset.sort(new RecordComparator());
    //扫描数据集前按 Key 值进行排序
    for(Record rec : Dataset){    //迭代数据集
        int recID = Integer.parseInt(rec.getId().getValue());
        Entry authors = new Entry(rec.getAuthors().getValue(),1);
        Entry title = new Entry(rec.getTitle().getValue(),1);
        Entry venue = new Entry(rec.getVenue().getValue(),1);
        if(priorityQueue.isQueueEmpty()){
        //最初，队列为空，将第一条记录转变成代表记录，并直接加入队列中
            RepresentativeRecord rr = new RepresentativeRecord
                (rec.getId(), recID, authors, title, venue,1);
            //将记录转变成代表记录
            priorityQueue.enQueue(rr);//将代表记录入队
            rrs.add(rr);                //将代表记录加入代表记录集中
            max_priority = 1;//第 1 个加入队列的元素的优先级为 1，且最大
        }else{                     //在队列中从优先级大的记录开始迭代查询
            boolean matched = false;
            for (int i = 0; i < priorityQueue.getSize(); i++) {
                RepresentativeRecord rr = priorityQueue.get(i);
                if(i==0)                //保存队列中第一个优先级
                    max_priority = rr.priority;
                if(Utils.rr_similarity(rr, rec)){
                //表示在队列中找到相似的代表记录
                    RepresentativeRecord updated_rr = Utils.update
```

```
                    RepresentativeRecord(rr, rec);
                //更新代表记录本身内容，返回代表记录
                updated_rr.priority = max_priority + 1;
                //将修改后的代表记录的优先级设为最大
                priorityQueue.set(i, updated_rr);
                //更新队列中代表记录内容，并自动排序在队头
                Collections.sort(priorityQueue.getList());
                //重新按代表记录的优先级对优先队列中的代表记录进行排序
                rrs.updateRRSFromQueue(updated_rr);
                //在代表记录集中找到相应的代表记录并更新
                matched = true;
                break;
                //跳出当前循环进入外层循环，继续读取数据集中的下一条记录
            };
        }
        if(!matched){ //如果在队列中没有找到相似的代表记录
            if(4 == priorityQueue.getSize()) {
            //表示当前队列已满，且没有找到相似的代表记录
                priorityQueue.deQueue();
                //从队列中移除优先级最低的代表记录
            }   //表示队列中元素没有达到3个，直接将待比较记录转变成代
                表记录并插入队列中，设置优先级为最大
            RepresentativeRecord rr = new RepresentativeRecord
                (rec.getId(), recID, authors, title, venue, max_
                priority+1);
            //将记录转变成代表记录
            priorityQueue.enQueue(rr); //将代表记录入队
            Collections.sort(priorityQueue.getList());
            rrs.add(rr);                    //将代表记录加入代表记录集中
        }
    }
  }
  return rrs;
}
```

附录 2　基于并查集的相似记录聚类 Java 函数（部分代码）

```
public static String findUnion(RepresentativeRecordSet d,
    RepresentativeRecordSet s){
    String temp = "";
    for(RepresentativeRecord rrs : s.getRepRecs()){
        if(rrs.getRecIDs().size() >=2 ){
            List<RepresentativeRecord> matchedRR = new ArrayList<>();
            for(RepresentativeRecord rrd : d.getRepRecs()){
                if(find(rrs.getRecIDs(),rrd.getRecIDs())){
                    matchedRR.add((RepresentativeRecord)rrd.clone());
                }
            }
            if(matchedRR.size() >=2 ){
                matchedRR.sort(new RepresentativeRecordComparator());
                RepresentativeRecord r = matchedRR.get(0);
                TreeSet<Integer> recIDs = matchedRR.get(0).getRecIDs();
                List<Entry> authors = matchedRR.get(0).getAuthors();
                for (int i = 1; i < matchedRR.size(); i++) {
                    recIDs = union(recIDs, matchedRR.get(i).getRecIDs());
                    authors.addAll(matchedRR.get(i).getAuthors());
                    for (int j = 0; j < d.getRepRecs().size(); j++) {
                        if(d.getRepRecs().get(j).id.getValue().
                            equals(matchedRR.get(i).getId().getVal
                            ue())){
                            d.getRepRecs().remove(j);
                            break;
                        }
                    }
                }
                r.setRecIDs(recIDs);
                r.setAuthors(authors);
                for (int i = 0; i < d.getRepRecs().size(); i++) {
                    if(d.getRepRecs().get(i).id.getValue().equals
                        (r.getId().getValue())){
```

```
                        d.getRepRecs().set(i, r);
                        break;
                    }
                }
            }
        }
    }
    return temp;
}
```

附录 3　基于代表记录的记录簇调整 Java 函数（部分代码）

```
public static boolean insertClusterWithoutSimilar(RepresentativeRecordSet
    rrs, ArrayList<Record> Dataset, Record newr){
    boolean success = false;
    rrs.getRepRecs().sort(new RepresentativeRecordComparator());
    //获得代表记录集中的最大的代表记录 ID，加 1 后作为新增代表记录的 ID
    int last = rrs.getRepRecs().size();
    String idValue = ""+ (Integer.parseInt(rrs.getRepRecs().
        get(last-1).getId().getValue()) + 1);
    newr.setSubSetID(new Field("setSubID",idValue));
    //修改新增记录的属性 setSubID，以反映记录所在的代表记录
    Dataset.add(newr);
    RepresentativeRecord rr = null;
    Field id = new Field("id", idValue);
    int recID = Integer.parseInt(newr.getId().getValue());
    Entry authors = new Entry(newr.getAuthors().getValue(),1);
    Entry title = new Entry(newr.getTitle().getValue(),1);
    Entry venue = new Entry(newr.getVenue().getValue(),1);
    rr = new RepresentativeRecord(id, recID, authors, title, venue, 1);
    rrs.add(rr);
    success = true;
    return success;
}

public static boolean mergeClustersBetweenRepresentativeRecord
```

```
(RepresentativeRecordSet rrset, RepresentativeRecord rrd,
Representative Record rrs){
boolean success = false;
rrd.setRecIDs(union(rrd.getRecIDs(), rrs.getRecIDs()));
//先将记录 ID 进行合并
for (int i = 0; i < rrs.getAuthors().size(); i++) {
// 将源代表记录的属性 Authors 上的值复制到目的代表记录的属性 Authors 上
    Boolean matchedAuthors = false;
    for (int j = 0; j < rrd.getAuthors().size(); j++) {
        if(rrs.getAuthors().get(i).getText().equals(rrd.
            getAuthors().get(j).getText())){
        //表示属性中含有该值，那么需要将两者频次相加
            rrd.getAuthors().set(j, new Entry(rrd.getAuthors(). get(j).
                getText(), rrd.getAuthors().get(i).getFrequency()+
                rrs.getAuthors(). get(i).getFrequency()));
            matchedAuthors = true;
            continue;
        }
    }
    if(!matchedAuthors)     //表示属性中不含有该值
        rrd.getAuthors().add(new Entry(rrs.getAuthors().get(i).
            getText(), rrs.getAuthors().get(i).getFrequency()));
}
for (int i = 0; i < rrs.getTitle().size(); i++) {
//将源代表记录的属性 Title 上的值复制到目的代表记录的属性 Title 上
    Boolean matchedTitle = false;
    for (int j = 0; j < rrd.getTitle().size(); j++) {
        if(rrs.getTitle().get(i).getText().equals(rrd.
            getTitle().get(j).getText())){
        //表示属性中含有该值，那么需要将两者频次相加
            rrd.getTitle().set(j, new Entry(rrd.getTitle(). get(j).
                getText(), rrd.getTitle().get(i).getFrequency() +
                rrs.getTitle(). get(i).getFrequency()));
            matchedTitle = true;
            continue;
        }
    }
    if(!matchedTitle)       //表示属性中不含有该值
```

```
                rrd.getTitle().add(new Entry(rrs.getTitle().get(i).
                    getText(), rrs.getTitle().get(i).getFrequency()));
        }
        for (int i = 0; i < rrs.getVenue().size(); i++) {
        //将源代表记录的属性 Venue 上的值复制到目的代表记录的属性 Venue 上
            Boolean matchedVenue = false;
            for (int j = 0; j < rrd.getVenue().size(); j++) {
                if(rrs.getVenue().get(i).getText().equals(rrd.
                    getVenue().get(j).getText())){
                //表示属性中含有该值，那么需要将两者频次相加
                    rrd.getVenue().set(j, new Entry(rrd.getVenue(). get(j).
                        getText(),    rrd.getVenue().get(i).getFrequency()+
                        rrs.getTitle(). get(i).getFrequency()));
                    matchedVenue = true;
                    continue;
                }
            }
            if(!matchedVenue)                     //表示属性中不含有该值
                rrd.getVenue().add(new Entry(rrs.getVenue().get(i).
                    getText(), rrs.getVenue().get(i).getFrequency()));
        }
        rrset.getRepRecs().remove(rrs);
        Collections.sort(rrd.getAuthors());  //进行排序
        success = true;
        return success;
    }

    public static boolean deleteFromClusters(RepresentativeRecordSet
        rrs, RepresentativeRecord rr, MatchingRecord mr){
        boolean success = false;
        TreeSet<Integer> recIDSet = new TreeSet<Integer>();
        recIDSet.add(Integer.parseInt(mr.getId().getValue()));
        recIDSet = intersection(recIDSet, rr.getRecIDs());
        if(recIDSet.size() > 0){        //表示所要删除的记录在相应的簇中
            if (rr.getRecIDs().size() == 1) {
            //表示簇中只有一条记录，直接删除该代表记录
                rrs.delete(rr);
            } else { //表示簇中有多条记录，这时需要从代表记录中删除相应的记录
```

```
            deleteFromRepresentativeRecordAttr(rr, mr);
        }
        success = true;
    }
    return success;
}
```